日米同盟の正体
迷走する安全保障

孫崎 享

講談社現代新書

1985

はじめに

日米安保条約は実質的に終わっている

日本の安全保障政策の要《かなめ》は日米同盟である。この前提に異を唱える人はまずいないであろう。ではその基礎となる文書は何ですかと問えば、ほとんどの人が一九六〇年に改定された日米新安保条約と答えるであろう。

だが、この答えは今日、半分しか正解ではない。実態的には、ほとんど正解でないと言っていいかもしれない。現在の日米同盟が一九六〇年に改定された日米安保条約からどう変化したかを見ることが、いまの日米関係の本質を見極めることとなる。

二〇〇五年一〇月二九日、日本の外務大臣、防衛庁長官と米国の国務長官、国防長官は、「日米同盟：未来のための変革と再編」という文書に署名した。日本ではこの文書はさほど注目されてこなかったが、これは日米安保条約にとって代わったものと言っていい。

何が変わったか。まずは対象の範囲である。

日米安保条約は第六条で、「日本国の安全に寄与し、並びに極東における国際の平和及び安全の維持に寄与するため」とする極東条項を持っている。あくまで日米安保は極東の安全保障を確保することを目的としている。それが「未来のための変革と再編」では、同盟関係は、「世界における課題に効果的に対処するうえで重要な役割を果たしている」とした。日米の安全保障協力の対象が極東から世界に拡大された。

では、このことはバラク・オバマ政権発足後どうなるか。二〇〇九年一月二〇日、オバマ大統領は米国および世界の期待を背負って就任した。大統領選挙では得票率五三%であったオバマは、就任式直前の一月一六日、ワシントン・ポスト紙が実施した世論調査では七九%の支持率を獲得した。安全保障関係であれば、米国は軍事力を生かす政策を行うべきだと主張するグループも、軍事力の使用を抑制すべしと主張するグループも、双方がオバマ大統領を支持するという奇妙な現象が起きている。これはオバマ大統領の巧みな話術のなせる業であるが、いずれかの時点で世論との蜜月《みつげつ》時代は終わろう。オバマ大統領の就任演説を見ても、硬軟両様の言及があり、安全保障政策の方向性は必ずしも明確ではない。

ただし、オバマ大統領が力を背景にした政策を行うことは明確である。オバマは大統領就任前にも、アフガニスタンへの米軍増派、イラン核開発の阻止などに言及していたが、就任演説でもアフガニスタンの平和構築、核の脅威の減少、テロに対し戦う姿勢を指摘し、テロを行う者に対して「われわれはあなたたちを打ち破るであろう」と述べている。ブッシュ政策の要《かなめ》であるテロとの戦いはオバマ政権でも継続されている。

この中でブッシュ政権と異なるのは、同盟の必要性の強調である。オバマは就任演説で「われわれに求められているのは、新しい責任の時代に入ることだ。米国人一人ひとりが自分自身と自国、世界に義務を負うことを認識し、その義務をいやいや引き受けるのでなく喜んで機会をとらえることだ」と言及したが、この台詞《せりふ》は同盟国日本にも向けられるであろう。

日米の安全保障協力の対象が極東から世界に拡大されたこれまでの流れは、オバマ大統領の下で、ますます強化されよう。オバマは、民主党、共和党の一致した支持を背景に、日本に対し、アフガニスタン、イラン、イラクに積極的に関与することを求めてくる。この要請は多くの日本人が考える以上に厳しいものになるだろう。要請の要は自衛隊の関与である。オバマ大統領の下、早い段階で、アフガニスタンへの自衛隊派遣が、日本が抱える最大の案件として浮上する。これに日本がどう対応するかが、オバマ政権下の日米関係の緊密度を左右しよう。したがって日米安全保障を語るとき、もはや、東アジアの安全保障を語っていればいいという時代は過ぎた。世界の課題にどう対処するかが今後の中心課題となる。

次に理念面である。ここでは質的に大きな変化をとげている。日米安全保障条約は前文において「国際連合憲章の目的及び原則に対する信念……を再確認し」、第一条において「国際連合の目的と両立しない他のいかなる方法によるものも慎む」「国際連合を強化することに努力する」として国際連合の役割を重視している。しかし、「未来のための変革と再編」ではこうした傾向は見られない。代わって出てきたのは、日米共通の戦略である。では日米共通の戦略とは何か。

われわれは、米国に戦略があることは承知している。しかし、戦後日本に確固たる安全保障戦略があるとは承知していない。日本が米国の戦略に従う以外にいかなる共通の戦略があるのか。春原剛氏は『同盟変貌』(日本経済新聞出版社、二〇〇七年)で、「『同盟関係』と言うが、実態は米国が重要な案件を『一方的に決めているだけ』」という守屋武昌元防衛事務次官の言葉を紹介している。残念ながら、守屋元防衛次官の発言は、今日の日米安全保障体制の本質を極めて的確に表したものと言える。

日本は、日米共通の戦略で国際的安全保障環境を改善する国際的活動に協力することを約束した。よくよく見ると、現時点ではこれは差し迫る脅威に対抗するものではない。国際的安全保障環境を改善するため、世界を力で米国モデルに変革しようとする理念の実現のためである。イランの核関連施設を排除すること、北朝鮮の政権を打倒すること、アフガニスタンでタリバンを駆逐することを、日米が国際的安全保障環境を改善するものであると認定すれば、理念上日本は米国の軍事行動に協力することになる。

かつ、日米安全保障の新たな枠組み模索の中で、中心課題の一つが日本による危険の負担である。別の言葉に言い換えれば、自衛隊員に死を覚悟してもらうことである。

この流れの中に、日本のイラクへの自衛隊派遣があった。ソマリア沖への海上自衛隊派遣の問題がある。アフガニスタンへの派遣も真剣に協議される。イランの核問題について、日本は制裁への参加など積極的関与が求められる。オバマ大統領が日本に対して行う中東地域への積極的軍事関与の要請にどう対応するかが、日本にとっての最重要課題となる。

オバマ大統領の下、安全保障面で日米関係は緊張するだろう。しかし、ここに一つの懸念がある。これまで日本が政府レベルで米国に約束したことと、国民の認識には大きなギャップがあるということだ。

国民のどれくらいの層が、日本は米国の戦略に沿って中東など世界規模で軍事展開をする約束をしていることを認識しているだろうか。ほとんどの人は認識していないのではないか。日本政府は一方で米国に文書で明確に約束し、他方で国民にはこの文書の意義をさして説明していない。二〇〇五年に日本が米国と「未来のための変革と再編」に合意した時も、政府の多くの関係者はこれからも何も変わらないことを強調した。しかし、実際はこの合意によって日米同盟関係は明らかに変質した。この文書は、日本が日米共通の戦略の下、中東などに自衛隊の派遣をすることを当然のものと想定している。既存の合意と国民の認識のギャップは必ず日米間にギクシャクしたものを生む。

たとえば日本がアフガニスタンに関与を深めていく際、われわれはこの戦いの性格が何かを見極める必要がある。世界各地に散らばってテロ行為を行うテロ組織が、一体アフガニスタンでどれくらいの勢力を持っているのか、タリバンはなぜ西側と戦うのか、もし、タリバンの主目的が世界的なテロ行為を行うことではなく、アフガニスタンという地域での政権樹立にあるなら、西側はこの流れとどれくらい戦う必要があるのか、その勝算の見通しがどうかを冷静に分析する必要がある。

日本は安全保障問題で大きな舵《かじ》の切り替えを行った。オバマ大統領の下でも、中東政策は依然米国戦略の中核をなしていく。したがって日本が軍事的に中東にどう関与していくかは日本の安全保障政策の基本をなす。しかし、この舵の切り替えに対して、これまでどれくらい日本国内で真剣な議論がなされたであろうか。

日本が、国民の多くが知らないままに、日米間の新しい合意によって、世界を舞台に安全保障面で新しい役割を担おうとしている今日、安全保障問題を根本に戻って考える時期にきているのではないか。日本はどのような形で自己の安全を確保していくのか。

脆弱な基盤に立つ安全保障

日本でもいままで安全保障に関する議論は行われてきた。しかしこれまでの安全保障論議では、誰が敵か、いかなる手段で攻撃してくるか、攻撃を避けるためにいかなる対応をするかの議論が不在であった。わが国の安全保障の根本は、他の国に軍事攻撃をさせないことにある。

それは従来の日本の安全保障政策が根本的欠陥を持っていることに起因する。

第二次大戦以降、世界の軍事戦略では、他の国がなぜ攻撃しないかとの問いに対する安全保障上の答えは、攻撃した国が軍事的に攻撃以上の報復を受けることである。

この軍事戦略論に基づけば、日本自らが、日本を攻撃した国に対して、日本に与えた被害以上の被害を与える能力を持つことが最も自然である。しかし、日本にその能力はない。じつはこの選択は単に日本独自の選択ではない。第二次大戦後の日米同盟という約束事に、明文化されていない重大な取り決めがある。それは日本が攻撃能力を持たないことである。

その役割は米軍が担っている。しかし、どこまでの確実性を持っているのか。ヘンリー・キッシンジャーは、代表作『核兵器と外交政策』(日本外政学会、一九五八年)の中で、「全面戦争という破局に直面した場合、長くアメリカの安全保障の礎石だったヨーロッパといえども、全面戦争に価いすると(米国の中で)誰が確信しうるだろうか?」「アメリカ大統領は、西ヨーロッパとアメリカの都市五〇とを引換えにするだろうか?」「西半球以外の地域はいずれも敢えて『争う価値』がないようにみえてくる危険が大きいのである」と記述している。

こうしてみると、わが国の安全保障をどう確保するかは、極めて脆弱《ぜいじゃく》な基盤の上にあることに気づく。

では、たとえば、中国はなぜ日本を軍事的に攻撃しないのか。中国が核兵器で日本を破壊したいと思ったとき、日本にはこれを阻止できるだけの軍事力はない。中国は米国の報復力を恐れてのみ日本攻撃を思いとどまるのか。米国が中国を核攻撃すれば、中国はニューヨーク、ワシントン等に報復攻撃を行う力がある。キッシンジャーの説に従えば、自国の主要都市を犠牲にしてまで米国が同盟国のために戦うかどうかは疑問がある。では、なぜ中国が日本を攻撃しないのか。

攻撃を行わない大原則は、繰り返すが、攻撃した国が逆に軍事的に攻撃以上の報復を受けること、あるいは犠牲を受けることである。もっともこの報復や犠牲は軍事に限らない。

ソ連の崩壊後、中国を含めどの国も、共産主義の理念では国民の支持を得られない。今日の中国の体制は、ナショナリズムの高揚と、国民に経済発展を約束することによって維持されている。中国経済が国際経済に組み込まれた今日、日本への軍事攻撃は日中貿易を途絶えさせる。当然中国は莫大な経済的損失を被《こうむ》る。他の国も中国との関係を差し控える。これらの被害は中国国民が受容できる限界を超える。つまり中国経済を国際経済に組み込むことは、じつは日本の安全保障に貢献する措置でもある。そのことは北朝鮮に関してもあてはまる。

こう見てくると、今日の安全保障戦略を考えるとき、狭い意味の軍事のみでなく、経済的結びつきも含めて考えるという広い視野を持って考察する必要がある。こうした観点を含めての安全保障論は従来ほとんど存在していなかった。本書ではこの視点を含め、日本の安全保障を考察しようとするものである。

死に値する安全保障政策があるのか

筆者はいま、防衛大学校にいる。本科生（一般大学生に相当）、研究科（修士課程に相当）に危機管理等を教えてきた。二〇〇九年三月の退官を前に、本書は防衛大学校における筆者の危機管理の授業の総決算として執筆したものである。

防衛大学校での授業に臨んできた筆者の気持ちを述べてみたい。

読者の皆様の中に二〇〇五年製作の『男たちの大和／ＹＡＭＡＴＯ』という映画をご覧になった方がおられるだろうか。戦艦大和は一九四五年四月、沖縄海上特攻の命を受け徳山沖から出航、鹿児島県坊ノ岬沖で撃沈された。映画は撃沈される運命を知りながら出航していく戦艦大和を描き、兵士は愛する人の為に死ぬという宣伝文句が使われた。

防衛大学校の研究科では、自衛官が自衛隊で一〇年、一五年と勤務した後、防衛大学校に戻り研究するのが通例である。筆者は研究科の学生に、「君たちは死を覚悟する職業にある。それを自分でどう納得するのか？　愛する人の為に死ぬのか？」と問うた。そのとき、学生の一人、和仁将人三等空佐（当時）は次のように述べた。

「自分が防衛大学校に入校したときには、何となく一般の大学に入るような心境で入ってきた。何のために死ぬなんて、深く考えていない。その後愛する人（家族）の為に死ぬということかなとも思ってみた。しかし、いまは違う。自分はパイロットとして前線にいる。日々、尖閣列島の周辺で飛んでいた。仮想敵機と遭遇する。いま仮想敵が発射したら死ぬという緊張感で毎日仕事をしてきた。そのときは愛する人（家族）の為に死ぬのではないのです。日本のためです」

この和仁将人三等空佐の考えは特異ではない。大なり小なり大方の自衛官に共有された考えである。

ならば、われわれには死を賭《と》して行動する彼らに相応《ふさわ》しい政策を作る義務がある。統合参謀本部議長、国務長官を歴任したコリン・パウエルの言葉で言えば、「不明確な目的や任務のために兵士の生命を危険にさらすべきでない」（「米国の軍事力—今後の課題」『フォーリン・アフェアーズ』誌、一九九二年・九三年冬号）。

筆者が防衛大学校で危機管理を教える際、「君たちが死を賭す心意気を形成するのはいい。しかし同時に、死を賭すに悔いのない政策を作れる人材を君たちの中からつくって欲しい」との思いを伝えてきた。

読者の中にちょっと待って欲しいという声があるかもしれない。文民統制はどうなっているのだと。答えは簡単である。世界の軍人が軍事専門家としての立場からどこまで自国の安全保障政策の立案に関与しているかを見ればよい。

ソ連崩壊後の米国が新しい戦略を策定した際に中心的役割を果たしたのは、当時のパウエル参謀本部議長である。オバマ政権で安全保障政策の要になるのは国家安全保障担当補佐官であるが、この任についたジェームズ・ジョーンズはNATO最高司令官であった職業軍人である。さらに、仮に米国がイランに対する軍事行動を行う際には中央軍司令官が要請し、大統領がこれを承認するという形をとる。

軍人は政策を遂行するだけでない。軍事政策策定に深く関与している。オバマ大統領は就任式の翌日に安全保障会議を開催したが、この出席者は国防長官、統合参謀本部議長、中央軍司令官、駐イラク軍司令官などであり、ほとんどが制服組である。彼らがオバマ大統領に助言を与える責任を負っている。安全保障の専門家は、専門家の立場から政策提言を行う義務がある。それは当然日本にも当てはまる。しかし、長らく日本の自衛隊はこの役目から身を引いていたのではないか。

ただし、この義務を果たすべきことと、現時点でその義務を果たしうる能力が備わっているかどうかは別である。二〇〇八年一〇月、過去の侵略などをめぐり政府見解に反する論文を発表して田母神俊雄航空幕僚長が更迭《こうてつ》される事件が起こった。このニュースを見て、すぐ思い浮かべたのは、筆者が外務省国際情報局長時代、橋本龍太郎総理（当時）が筆者に述べた言葉である。橋本元総理は自衛隊の大ファンだった。彼は麴町の事務所ではしばしば自衛隊の制服姿だった。それほどの自衛隊ファンである。同時に彼の言葉は厳しかった。「制服組に頑張って欲しいと思っている。しかし、現状では無理だ。彼らはもっと学ばないと。何か手助け出来ないか」。

なぜ米国の安全保障政策を学ぶのか

本書の特徴は米国の安全保障政策を徹底的に見てみようとしたことにある。その理由は明確である。

第一に、今日の国際安全保障は、圧倒的な軍事力を持った米国の戦略、意図、行動により大枠が設定されている。

第二に、米国の意図は政府の公式見解だけでは明確にならない。二〇〇三年三月に始まったイラク戦争は、「サダム・フセインが大量破壊兵器を有し、これを撤去しなければいつ攻撃するかもしれないから」という論理で開始された。しかし〇四年一〇月、米国調査団は、イラクは大量破壊兵器をほとんど有していないと発表した。しかしその後もイラク戦争は継続されてきた。これらの意図を正確にとらえるには、いままでの米国国内政治動向などを見極める必要がある。

二〇〇八年にノーベル経済学賞を受賞したポール・クルーグマンは著書“The Great Unraveling”の中で、「(1) ブッシュ政権の政策が彼らの言う公の理由で合理的になると思うな、(2)真の理由を見つけるには自らが調べるホームワークをせよ」と指摘している。オバマ大統領がなぜアフガニスタンに増派をしようとしているか。いま一つ背景が定かでない。したがってオバマ政権の下でも自らが調べるホームワークをする必要がある。

第三に、日本の安全保障政策は米国の安全保障政策と一体になりつつある。

以上から筆者は、日本の安全保障戦略を考えていくうえでは、まず、米国の戦略の把握が肝要であるとの見解に立ち、執筆した。

読者は今後この本を読み進められるにつれ、本当か？　という箇所に多く遭遇されると思う。従来の通説に対する挑戦が随所にある。通説に慣れ親しんできた読者におかしいと指摘されることは十分承知している。

筆者は一九九七年八月から約二年間、外務省国際情報局長の任にあった。そしていま防衛大学校にいる。したがって米国の情報分野や軍関係者に知り合いがいる。

二〇〇一年からのジョージ・W・ブッシュ(子。以降ブッシュとのみ表記のときはブッシュ〈息子〉のことをさす)政権下、米国の情報セクションが歪《ゆが》められた。情報セクションの人間は、まずブッシュ政権への忠誠を求められ、政策を正当化する情報の提供が求められた。

しかし、こうした状況下でも、軍や情報セクションに、情勢分析を客観的なものにすることを追求している層が存在していた。彼らは、「われわれは政権の意向を大事にする。

しかし、時の政権の意向と米国の安全保障上求められるものが異なるときがある。そのときにはわれわれは後者を重視する。このときの判断基準は『事実は語る』です」と述べていた。

「事実は語る」。これは、本書を記述するにあたって、筆者が最優先させた哲学である。この本が感情や特定のイデオロギーにとらわれることなく、「事実は語る」を基礎に日本の安全保障を論ずる際の叩き台になれば幸いである。

なおそのため、本書では多くの文献を参照しているが、多くの場合、筆者の要約、改変があることをあらかじめお断りしておきたい。

目次

第一章　戦略思考に弱い日本

――権謀術数などは一般的に悪とされるが、指導者にはそれはなくてはならない。(中略)ルーズベルトは、絶対に参戦しないと公約しながら、ひそかに戦争準備を進めたのだった。(中略)権謀術数を用いなければ、大事に当たって目的を達成できない場合が多いのである。(中略)ドゴールも「真の政治家は、権謀の時と誠実の時を使い分けねばならない。……千回繰り返すことによって、全権掌握ははじめて可能となる」と言った。(中略)目的は手段を正当化するかどうかというのがある。(中略)(第二次大戦のときに)われわれは何千万という人間を殺し、傷つけ、不具にしたが、目的は立派に手段を正当化した。(中略)指導者は常に、ほとんど本能的なまでに、結果を考える。何の責任もないような連中が一方的に、全く異なった状況下でつくったルールには拘束されない。南北分裂というアメリカ建国いらい最大の危機に当たって、理想家リンカーンが情熱を注いだ大目的は、北部連邦の維持だった。(リチャード・ニクソン『指導者とは』徳岡孝夫訳、文藝春秋、一九八六年)

日本に戦略思考がないと明言するキッシンジャー

日米安全保障関係はいまその対象を極東から世界に移しつつある。オバマ大統領は中東地域に対して一段と日本の貢献を求めてくるだろう。そのときの中心は自衛隊の派遣である。自衛隊の積極的関与が求められる中で、日本は自らが軍事戦略を考える必要に迫られている。

日本が自己の戦略を真剣に考える必要に迫られる中、われわれ日本人が安全保障の問題を学ぶとき、考えるとき、その第一歩はわれわれの安全保障感覚が国際水準から大きく劣っていることをまず認識することではないか。

かつて外交官として働き、また防衛大学校で危機管理を担当し安全保障の問題を考えてきた人間として、日本人の安全保障感覚が国際水準に達していないと述べることは愉快ではない。安全保障の第一線で活躍した外務省の先輩や同僚、あるいは各省の人々を個人的に知っているだけに、こうした言い方はできれば避けたい。

簡単な質問がある。「日本人は安全保障の問題を欧米人並みに考えることができるか?」。この質問に米国人はどう答えるだろうか。今日、日本はイラク戦争への参加、インド洋での給油活動で米国戦略に貢献している。ソマリア沖への海上自衛隊派遣の動きがある。さらに、オバマ大統領の下、日本に対してアフガニスタンに自衛隊派遣をするようにとの要請は間違いなく強まる。こうした時、日本を動かそう、利用しようとしている米国の安全保障関係者が日本に対して失礼な発言を行うことはない。あなた方は素晴らしいとの賛辞がくるだけである。そして米側と接触する日本の政治家や外務省員は彼らの台詞を額面通りに受け止める。

でも本当にそうなのか。少し距離をおいて、過去日本に関与した人物が、米国国内でいかなる発言をしているか、あるいは回顧録でどう記述したか、これを受けて、米国の学者がどう評価しているかとなると、像は変わる。賛辞とは異なるものが見えてくる。

キッシンジャーと言えば、日本では国際政治の分野で神様のように扱われてきた。ではこのキッシンジャーが日本についてどう評価をしてきたか。次はキッシンジャー（当時国務長官）が一九七四年に鄧小平に述べた台詞である。

「日本はいまだに、戦略的な思考をしません。経済的な観点からものを考えます」（『キッシンジャー［最高機密］会話録』毎日新聞社、一九九九年）

キッシンジャーが日本人は戦略的な思考ができないと批判していたことは、米国関係者の中では定説のように扱われている。マイケル・シャラー・アリゾナ大学教授は『マッカーサーの時代』（恒文社、一九九六年）、『「日米関係」とは何だったのか』（草思社、二〇〇四年）

等の著作のある中堅のアジア研究学者である。彼は九六年の日米プロジェクト会議での報告書「ニクソンショックと日米戦略関係」の中で、「キッシンジャーの側近によれば、キッシンジャーは『日本人は論理的でなく、長期的視野もなく、彼らと関係を持つのは難しい。日本人は単調で、頭が鈍く、自分が関心を払うに値する連中ではない。ソニーのセールスマンのようなものだ。さらに悪いことに駐米日本大使に昼食に呼ばれるといつもウインナー・シュニツエルしか出さない』と嘆いていた」（筆者訳）と記述している。

こうした引用はシャラーに限らない。他の学者もこの見解をしばしば引用する。ケネス・パイルは二〇〇六年の時点においても、NBR研究所の北東アジア研究所開設基調演説において上述のキッシンジャーの鄧小平への発言を繰り返し述べている。

筆者は一九八五年から約一年間、ハーバード大学国際問題研究所研究員となり、「オホーツク海におけるソ連戦略潜水艦の意義」を研究テーマにして、米国学者の書く日米関係の文献を漁《あさ》っていた。ここでも目にするのは、厳しい対日批判であった。

ある米国学者は「日本人と安全保障の議論をするのは止めよう。彼らは安全保障論の本質はまったく理解できない。この議論を続けると、安全保障面では日本人は猿みたいだと言わざるを得なくなる」という議論を堂々と展開していた。当時の議論を各人の論文の中から二、三見てみよう（以下、いずれも筆者訳）。

「日本人に戦略思考ができるか。答えは多分ノーだ。ただこの答えを言うときには人種偏見と見なされぬよう注意する必要がある。われわれが多分ノーという回答をするときには人類の中で日本人をどう位置づけるかとは無関係である」（エドワード・オルセン〈元国務省員、後、大学教授〉）

「日本人の話を聞いていると、防衛という概念が存在していないようだ」（ジェームズ・ウイリアム・モーレイ）

「国防省員は『大統領への対日政策の書類を作成していると、日本人は安全保障の問題に無知だから、われわれがガイドラインを作ってやらなければならないという気分になる』と述べている」（マイケル・ガンレイ）

日本人の安全保障観は一九七〇年代から特に飛躍していない。残念ながら日本人は安全保障問題を、欧米人と同程度には、戦略的に考えられない状況が続いている。

ここまで書いてくると、どうもあなたの見解は誇張ではないか、偏見に満ちた人の見解だけを引用しているのではないかとの批判の声が聞こえてきそうだ。

訓練だけの時代は終わった

防衛省で米国安全保障関係者と深い交流を行ってきた人物に太田文雄氏がいる。一九九二年スタンフォード大学客員研究員、九三年米国国防大学入校、九六年在米国大使館防衛駐在官（海将補）、九九年統合幕僚学校校長、二〇〇一年防衛庁情報本部長を歴任してきた経歴から、防衛省制服組の中枢を歩み、米国の安全保障研究者と深い繋がりがあるのがわかる。その彼は『防衛学研究』一九九九年一一月号に次の要旨の特別寄稿を行っている。

ワシントンのある大学院のセミナーで第一次及び第二次大戦において主要国がいかに効果的に戦争を遂行したかの点数づけをした。日本は作戦・戦術レベルでは高いものの、軍政（ポリティィコ・ミリタリー）・戦略レベルでは極めてお粗末な結果となる。今日においてもその傾向はまったく変わっておらず、重要な政策決定の場面での戦略的発想に乏しい。

日本の自衛官の軍政的センスについても国際的に高いと言えない。これまで自衛隊の制服組はポリティィコ・ミリタリーの分野で活躍する場を与えられてこなかった。またそのような場で活躍できるような教育を受けてこなかった。

単純に言えば、ただ訓練のみをしていれば、冷戦時代は済んでいたのである。しかし陸で匍匐《ほふく》前進の訓練ばかりを、海で面舵《おもかじ》、取舵ばかりを、空でドッグ・ファイト（空中戦）ばかりをやってきた自衛官に諸外国の防衛交流の場で英語の討議に加われと言われても無理な話である。

こうした米国安全保障関係者の話をまとめると、いくつかの論点が見えてくる。

（1）日本人は安全保障問題を戦略、軍事の視点で十分に理解できない

（2）日本の安全保障政策は米国人がシナリオを書く必要がある（日本の安全保障の基本的方向は米国が決定する）

（3）日本人を説得するには安全保障で述べてもわからないから、経済を絡ませて説得するとよい

「はじめに」で触れたが、春原剛氏は『同盟変貌』で、「『同盟関係』と言うが、実態は米国が重要な案件を『一方的に決めているだけ』」との守屋元防衛次官の言葉を引用している。こうした見解は米国にも存在し、クライド・プレストウィッツ（商務長官特別補佐官など歴任）は『ならずもの国家アメリカ』（講談社、二〇〇三年）で、「日本の外交・防衛政策における アメリカの宗主権を認め」てきた日本は、「外交政策と防衛政策の主導権を（米国）に譲り渡していた」と記している。

戦略思考の欠如を利用される日本

日本が戦略的に十分な理解をしていないとどうなるのか。かなり深刻な事態が待ち受けている。日本の戦略音痴が外国にうまく利用されることとなる。

「はじめに」で述べたように、日米安全保障関係は二〇〇五年以降大きな変容を遂げている。同年一〇月、日米は「日米同盟：未来のための変革と再編」に同意し、世界における共通の戦略目標を達成するため、行動を共にすることを決めた。

では共通の戦略とは何か。米国には安全保障に関する戦略がある。しかし、日本は過去、専守防衛でやってきた。日本は国際安全保障問題でいかなる戦略を持っているのか。日米の共通の戦略とは日本が米国の戦略に従うこと以外に何があるのか。

「共通は共通、お互いが話し合って、譲るべき点は譲り、妥協点を見出す。まあ具体的案件ごとに協議するんでしょうな」と優等生っぽく答える官僚がいたら聞いてみたい。

「あなたは、ラムズフェルド・ドクトリンを知っているでしょうね。ドナルド・ラムズフェルドは国防長官時代の二〇〇二年、『フォーリン・アフェアーズ』誌に『変化する任務、変貌する米軍』という論文を発表し、その中で『戦争介入に積極的な国の連合を形成すれば大きな優位を手にできるが、戦闘を連合国家の「委員会」の総意で進めるのは間違っている。戦争の目的に応じて連合は進められるべきで、連合の総意で戦争目的を決めるべきではない』と言っている。つまり同盟国の参加は歓迎するが、何をするかの戦略は米国が決めると言っている。オバマ新大統領は従来以上に同盟を重視すると発言している。しかし、何をすべきか、例えばアフガニスタンをどう位置づけ、どんな作戦をするかを同盟国と話す意思はオバマ大統領においても特には見られない。オバマは他国と相談することなく、アフガニスタンへの関与を強化することを決定している。大統領就任演説では『苦労しながらアフガニスタンに平和を築き始めるだろう』と述べている。なぜアフガニスタンに増派しなければならないかについて日本人の誰かがオバマ氏と協議しましたか。『共通の戦略』とは日本が米国の戦略に従うということの別の表現ではないですか」

過去、専守防衛のときは、他の国がいかなる戦略を持っているか、それは知らなくてもすんだ。でも今後は異なる。日本が異論を挟まなければ、米国の戦略が即共通の戦略になる。日本の自衛隊はこの戦略に従い世界規模で行動することが求められる。それは危険の負担という新たな役割を担ってである。

日本に平和維持活動を勧める米国の軍事的狙い

日本に戦略がないと言うと、別のお叱りも受けそうだ。

日本は国際安全保障問題で立派な戦略がある、日本は平和維持活動（PKO）、人道支援、災害援助活動で貢献することを決めていると反論する人がいそうだ。

では、この日本はPKO、人道支援、災害援助活動で貢献することはいつ、どのようにして出てきたのか。

ポール・ジアラは論文「新しい日米同盟の処方箋」（一九九九年）でPKO、人道支援、災害援助活動について次の説明を行った。ちなみにジアラは一九九〇年代初期、日米安全保障面の責任者である国防省日本部長の任にあった人物である。

「新ガイドラインに盛り込まれた国連のPKO、人道支援、災害援助活動はいずれもグローバルな日米協力を視野に入れたものである。このような頻繁に起こり、緊張度の低い作戦行動を共同で行うことは、同盟の性質を転換させるために不可欠な実際上の手続き、作戦面での政治プロセスを制度化する可能性を持つからである。

PKOや人道支援、災害援助などの分野は政治的に受け入れられやすいこともあり、共同で行うことは同盟の結束を促すうえでよい機会である。

人道支援面などで作戦を日常的に行うことは、はるかに緊張度の高い有事への作戦の準備としても絶好の訓練になる。このような活動で求めるものは軍事有事と共通である。二国間の政治機構、調整手順は有事に適用可能である」

ジアラは日本にまず国際舞台でＰＫＯや人道支援、災害援助をさせ、これを将来日本が戦闘に参加する準備とするという構想を示している。では、ジアラが解説した考え方は米国の政策に反映されていたのか。

米国で冷戦以降の対アジア安全保障政策が本格的にまとめられたのは、一九九五年二月発表の「東アジア戦略報告（ＥＡＳＲ）」である。ウィリアム・ペリー国防長官が署名した。アジア全体の戦略全般に言及しているので、日本に言及するスペースはあまりないが、「日本は人道支援、平和維持への関与を強めている」として評価している。この表現が出ているのは、国務省のペーパーではない。なぜ、軍事戦略ペーパーに、他の日米間の安全保障問題に優先して、人道支援の問題が出てくるか。その意味合いを考える必要がある。かつ、この考え方は九五年一一月に採択される日本の新防衛大綱に反映されている。

こうした冷戦終結後の日本を含む米国アジア安全保障政策の実質的推進役になったのが、一九九四年から九五年国防次官補の任にあったジョセフ・ナイ教授である。このナイ教授がオバマ政権発足後、真っ先に駐日大使の最有力候補として浮上したことは極めて興味深い。オバマ政権は日本を含む対東アジア安全保障政策を、九四年、九五年に構築された枠組みで進める意図を持っている。冷戦終結後、米国が安全保障面で日本をどのように使おうとしたかを学ぶことは、単なる歴史的興味からではない。オバマ政権での米国の対日安全保障政策の理解を助けるものとなる。

米国は冷戦終結以降、日本に安全保障面で役割分担を拡大させることを主たる目標にした。日本に危険の負担を引き受けてもらいたいという意向が強く働き始めた。危険の負担とは、露骨な言い方をすれば、海外での自衛隊の活動で死者を覚悟してくれということである。

国連のPKOや人道支援、災害援助活動を提唱している人がどれくらいこのジアラの考えを理解していたのか。流れはいま、ジアラらが描いた通りの動きになっている。

今日、米国は、イラク戦争への協力、アフガニスタンへの自衛隊派遣の模索に見られるように日本に軍事力を高めさせ、これを積極的に米国戦略の中で活用していくという姿勢が明確である。そしてこの傾向は間違いなくオバマ政権に継承される。ではこうした流れがいつ出たか。これに日本がどう対応してきたのか。

シーレーン構想の真の目的

第二次大戦以降、米国は日本の軍国化を抑えることを最重視してきた。その流れを変え、日本に軍事力をつけさせ、これを米国の世界的戦略の中で積極的に使った最初の動きは、一九八〇年代から今日まで継続するシーレーン構想である。

シーレーン防衛構想は、（1）中東に石油を依存する日本の海上補給路がソ連の潜水艦攻撃に襲われる恐れがある、（2）海上補給路を確保するためにソ連の潜水艦攻撃を阻止する戦力を持つ、（3）具体的には日本はP－3C対潜水艦哨戒機《しょうかいき》を大量に保有する、という政策に結びついた。

後述するように、第二次大戦以降、日米の安全保障関係は、（1）米国が日本に軍事基地を持つ、（2）日本が西側陣営につく、（3）日本は攻撃能力を持たない、ということを基本としている。米国は、日本が軍事的に何もしないのがプラスと考えてきた。

こうした歴史的な経緯からすると、日本にP－3C対潜水艦哨戒機を大量に保有させ、米国の戦略に軍事的に貢献させるという流れは、過去の対日政策を大きく方向転換させるものである。それは今日のイラク戦争への協力、アフガニスタンへの陸上自衛隊派遣、ソマリア沖への海上自衛隊派遣の模索につながっている。その意味で、対潜水艦哨戒機の大量保有へいかなる経緯、論理で動いたかを検証することは、将来の日米安全保障関係がどう発展していくかの理解に通ずる。

多くの日本人は、シーレーン防衛構想によって対潜水艦哨戒機P－3Cを保有したのは、石油を主体とする補給海路の確保のためであると理解している。だがそれは間違っている。次の文献を見ていただきたい。

二〇〇一年に国家安全保障会議（NSC）日本・朝鮮担当部長、〇四年同上級アジア部長兼東アジア担当大統領特別補佐官の任に就くなど、米国国内で東アジアの専門家として信任されているマイケル・グリーンは、論文「力のバランス」で次のような説明をしている。

当時、米国を標的とする核兵器の三本柱の新たな一本である潜水艦のために、ソ連がオホーツク海を海の要塞として使用していることに米国海軍はますます懸念を強めていた。レーガン政権は、米国の焦点を極東の同盟国に役割と任務を割り当てる問題へと移した。

シーレーン防衛の政治的承認を勝ち取るための好機は、鈴木善幸総理が一九八一年五月、ワシントンを訪問したときに訪れた。鈴木は一〇〇〇カイリのシーレーンの防衛を意味することを宣言した。

この距離はオホーツク海のソ連海軍力を封じ込めるに十分だった。おそらく、鈴木自身は自分の言った言葉の意味を十分に咀嚼《そしゃく》していなかった。これは欧州におけるソ連の攻勢に地球規模で対応するためオホーツク海のソ連の潜水艦を攻撃することを意味していた。

日米同盟は何十年にわたり、アメリカを軍事的にアジアに留め、そして日本を西側に留めておくための道具であった。いまや、この同盟はソ連に対するアメリカのグローバルな軍事封じ込め戦略の中心的な構成部分となった。（スティーヴン・ヴォーゲル編著『対立か協調か』中央公論新社、二〇〇二年所収の要約）

グリーンのこの解説は驚くほど率直である。グリーンは「いまや、この同盟はソ連に対するアメリカのグローバルな軍事封じ込め戦略の中心的な構成部分となった」、日本のシーレーン構想は「欧州におけるソ連の攻勢に地球規模で対応する」戦略の一環であると述べている。当時、日本政府の関係者の中で、こうした説明を国民に行った人はおそらく皆無であろう。さらに言えば、ぞっとする話であるが、当時、日本政府内にこのことを理解していた人はいなかったのではないか。これが日本の安全保障政策の実態である。

米国の戦略を十分に理解しないで米国の戦略に乗っかっていく日本という流れは、何もこのときに限ったことではない。事態の本質を見極められず、米国の表面上の説明を鵜呑《うの》みにするという対応は、その後のイラク問題、アフガニスタン問題でも継続している。

米戦略におけるシーレーン構想の意義

日本は安全保障政策を考えるとき、ともすると米国の説明を鵜呑みにしたり、自分の論理だけで構成する。日本の安全保障を考える際は、常に国際的安全保障全体の中でどう位置づけられるかの視点がないと、とんでもない間違いを犯す。

グリーンの議論、特に欧州におけるソ連の攻勢に地球規模で対応するためという部分は、日本の政策を考える際には、世界全体の安全保障の状況を考えなければならないことを示す好個の材料である。この問題がどうなっていたかをいくつかのステップに分けて説明してみよう。

・第一ステップ——一九七〇年当時、欧州戦線では、ソ連側は戦車の数で優位だった。質の面でNATO（北大西洋条約機構）側が優れ、軍事バランスは西側に優位である。しかし、量で優位に立つソ連が、自分は優位にあると判断し西欧を攻撃する危険性があった

・第二ステップ——ソ連が陸上戦闘を始めたときには米国はソ連を核攻撃する態勢をとった。その際、米国はソ連のICBM（大陸間弾道ミサイル）をほぼ完全に破壊する。したがって、米国本土が核で反撃されることはない。この態勢が維持できる限り、ソ連は第一ステップをとれない

・第三ステップ——ソ連がこれに対抗して欧州ではバレンツ海、東アジアではオホーツク海に戦略潜水艦を配備した。この戦略潜水艦が米国の攻撃時にも生き残るとなる

と、ソ連はニューヨークやワシントン等に報復攻撃を行いうることとなる。その際には仮にソ連が欧州戦線で陸上攻撃した際にも、米国は自国への核報復攻撃を恐れ、反撃できない

・第四ステップ――米国はバレンツ海、オホーツク海でのソ連の戦略潜水艦を攻撃する態勢を整える。バレンツ海での作戦は当時のNATO戦略の最重点地域となる

・第五ステップ――オホーツク海の周辺はソ連が実効支配している地域で囲まれている。さらに米国は七〇年代、東アジアの軍事的重要性は減少したとして、東アジアでの米軍の近代化を実施しなかった。オホーツク海のソ連の戦略潜水艦をめぐっての海上、航空戦闘能力はソ連の方が優位ですらあった。米国は対潜水艦攻撃能力を急増させる必要がある。しかし、国家予算の制約もあり、米国だけでは実施できない

・第六ステップ――対潜水艦攻撃能力強化に日本を参加させることを考える。しかし、日本人は戦略問題で巻き込まれることを警戒するので、戦略を述べず、日本人だけに通ずる論理を組み立てる。幸い日本は経済問題の利害に敏感で、日本経済は石油に依存している。これを利用し、このルートがソ連の潜水艦によって攻撃される危険性を強調する。これによって日本に潜水艦攻撃能力を持たせる。日本向けには南のシーレーン確保のためと言う。しかし、実際は北のオホーツク海を想定すればよい。ソ連が

そう認識すれば抑止の効果が出る

・第七ステップ——日本は第六ステップの論理を受け入れる

次にデヴィッド・リヴキンの論文を紹介したい。この論文は米国海軍関係で最も権威のある"PROCEEDINGS"誌の一九八四年最優秀論文となった。

「ソ連は戦争では一気に政治・軍事の中心部を攻撃する戦略をとっており、海上輸送路を遮断するという作戦の比重は極めて低い。かつ最近の運用を見るとオホーツク海での戦略潜水艦を守ることに集中し、輸送路攻撃の比重はさらに下がっている」(筆者訳)

ソ連時代に海軍の戦略確定に重要な役割を果たした人物に海軍司令官セルゲイ・ゴルシコフがいる。彼は著書『ソ連海軍戦略』(原書房、一九七八年)で、ミサイル潜水艦は地上基地の発射装置よりも大きな生き残り能力を持っており、そのおかげで大きな抑止力になっている、海軍における主な役割は国家の戦略核打撃力への参加である、と主張している。

リヴキンとゴルシコフの間には国籍の違い、年代の違いがある。それでも両者にはソ連海軍の主たる目標について共通の認識がある。両者ともソ連海軍の最も重要な目的は、いかに米国に対する一斉攻撃能力を維持するかであると見なしている。ここではソ連海軍が日本のタンカー攻撃を行うことの戦略的重要性と蓋然性《がいぜんせい》は極めて低い。

しかし、日本はシーレーン防衛を防衛政策の重要な柱と位置づけ装備を行った。米国から見るとありがたい。同時に日本人は戦略がわからないと冷笑していただろう。

統幕議長ですらシーレーン構想の意図を理解できなかった

この問題で深刻なのは、日本がシーレーン防衛構想への参加を決めた際、シーレーン防衛構想を米国の戦略、特に欧州戦線との関連で考えた形跡がほとんどないことである。

この当時、日米関係の最大の懸案は貿易における日本の大幅出超であった。一九八二年一月、米商務省は「八一年の対日貿易赤字一八〇億八〇〇〇万ドルであり、これまでの最高」と発表した。米国議会はこの貿易赤字に厳しい態度で対応する動きを示す。同月ジョン・ダンフォース米上院議員は経団連会館での記者会見で、日本市場の閉鎖性に触れ、日本の保護政策を相殺するための立法措置を検討していると言明する。議会では日本の貿易黒字を問題視する法案を検討された。シュルツ米下院議員が日本製品輸入規制法案を議会に提出し、リッチモンド下院議員も対日制裁法案を提出した。鈴木総理訪米の直前、日本の経済界、政界は米国が対日経済制裁を行うのではないかと懸念していた。

経済摩擦のクローズアップとほぼ並行してシーレーン防衛構想が浮上する。

一九八二年三月九日、マイケル・マンスフィールド駐日大使は日本人記者に対して対潜水艦能力、防空強化を指摘した。米国が経済摩擦問題とシーレーン防衛構想とをリンクさせたか否かは不明である。しかし、日本政府内に通商問題を爆発させないために、安全保障で米国の主張を受け入れるのが得策だとの発想が出ても不思議ではない。

ただ、日本がシーレーン構想を受け入れた経緯は必ずしも明確ではない。当時外務省で北米局長として対米関係の責任者であった浅尾新一郎氏は、米国の国家安全保障公文書のオーラル・ヒストリー（英文）の中で、自分たちはシーレーンについて知らず、鈴木総理がナショナル・プレス・クラブでの質問時、なぜシーレーンについて話したのかもわからない、防衛庁がシーレーンについて説明したようだが、シーレーンは防衛庁の政策にはなっていなかった、外務省は大変驚いた、と述べている。

グリーンは日本のシーレーン構想について、「いまや、この同盟はソ連に対するアメリカのグローバルな軍事封じ込め戦略の中心的な構成部分となった」と説明した。日米同盟における歴史的大転換と言ってもよい。しかし、そのときの責任者である北米局長は何も知らされていない。では当時日本の誰が関与していたのであろうか。

誰かが米国の意向を総理に伝え、その持つ意味合いを十分に検討することなく、総理がこれを受諾し、国策が形成されたのだ。日本の危うさがここでも示されている。

この経緯で重要なのは、シーレーン防衛構想を実際に担当する海上自衛隊がどう理解していたかである。幸い、二〇〇七年に防衛省防衛研究所戦史部は、佐久間一《まこと》元統合幕僚会議議長のオーラル・ヒストリーを編纂・発行した。関連部分を抜粋する。佐久間氏は当時、海幕防衛課長であった。防衛庁でも他の省と同じく、課長が一番権限と責任を持って仕事をする。

・自分たちの関心は緊急時どれくらいの石油を確保する必要があるかであった
・一〇〇〇カイリだと北緯一五度のライン、パラオ付近である。これを日本が確保し、それ以遠は米国が確保ということとなる（注：日米首脳会議で鈴木総理が一〇〇〇カイリ構想を支持したときには、いくつかの新聞で自衛隊資料として横須賀以南の地図が付されている。この地図には北は範囲に含まれていないことが注目される）

佐久間氏の説明を見ると、本人はシーレーンを担当する実質的責任者という意識は強いが、グリーンが述べているような問題意識はない。欧州戦線との関連など考えていない。この問題意識の欠如が最大の問題である。これが日本人は欧米人並みに戦略思考を出来ないとされる具体的事例である。

鈴木総理が一九八一年の訪米でシーレーン防衛構想を支持した後、八三年三月一二日、日米防衛小委員会でシーレーン防衛のための共同研究を実施することが決定される。これ以降、ソ連戦略潜水艦の母港であるペトロパブロフスク港の攻撃、三海峡封鎖、千島列島周辺の哨戒などについての日米役割分担が協議された。また、それ以前の七九年一月から日米共同作戦作りが開始され、どこかの時点で協議された可能性がある。ただしその協議は運用をめぐるものであり、戦略的意義の協議ではない。一番重要なことは、日本が米国に対して政治的に約束した鈴木総理の訪米時、日本でこの問題の戦略的意義を理解していた者はほとんどいなかったことである（防衛庁でこの頃シーレーン防衛構想を研究していたのは、唯一、西村繁樹三等陸佐〔現防衛大教授〕だったと見られる。彼は一九八〇年代初頭、米国ランド研究所で研究し、八四年、「日本の防衛戦略を考える—グローバル・アプローチによる北方前方防衛論」を発表した）。

本章のはじめの部分で、米国安全保障関係者が日本の対応について、日本人は安全保障問題を戦略、軍事の視点で十分に理解できないので、米国がシナリオを書いて経済を絡ませて説得するとよい、と述べていることを見た。シーレーン構想の経緯を見ると、米国安全保障関係者の評価するとおりの動きを示している。そしてこのパターンがその後も、日米安全保障関係の基本パターンとして、今日まで続いていると言っていい。

日本が戦略に弱い歴史的背景

これまで、日本人は安全保障面で戦略的発想が弱いという面を見てきた。なぜそうなったか。

世界のほとんどの国民は、いったん外国に支配されれば、支配された国民がいかに悲惨で苦しい状況におかれるかを知っている。それぞれの国の歴史がそれを示している。だから、国の安全保障を守ることに真剣になる。しかし、日本人の歴史的経験はまったく異なる。第二次大戦後の米国占領期を除いて、外国の支配をほとんど受けていない。さらに米国占領期はそれまでの軍部支配を排したことで、総じてプラス評価がなされている。こうした歴史を背景に、日本国民の中で、自らが国を守らなければ大変な事態が訪れるという実感がない。これが日本人は安全保障面で戦略的発想が弱い最大の理由であろう。

今日、日本のどこで、しっかりとした戦略を学べるのか。日本の大学で軍事戦略を教える所はほとんどない。西原正元防衛大学校長は、戦略研究が日本の大学ではタブー視され、意図的に排除されてきたと、『戦略研究の視角』（人間の科学社、一九八八年）で述べている。第二次大戦後の占領期、米国は日本の軍国主義につながる組織を徹底的に壊滅させた。大学で戦略を学ばないのもこの流れの中にある。ちなみに防衛大学校も発足当時は理科系のみを教える学校として発足した。その後、猪木正道学校長の時に社会科学の学科が成立しているが、依然、理科系中心の学校である。

山本七平は『「空気」の研究』（文春文庫、一九八三年）で第二次大戦の作戦を引用しつつ、戦艦大和の出撃が無謀であるとの論拠があるにもかかわらず出撃したのは「空気」ゆえだったとして、「（空気は）非常に強固でほぼ絶対的な支配力をもつ『判断の基準』であり、それに抵抗する者を異端として、『抗空気罪』で社会的に葬るほどの力をもつ超能力である」と説明した。山本七平は空気を読む社会に警鐘を鳴らした。

この点に関して一九八四年外務省は面白い動きをした。この年外務省は国際情報局を発足させたが、その発足の大きな理由が、省内に複眼的情勢判断を行うことを担保することであった。政策担当者は情勢を自己の政策に都合のよいように分析する傾向がある。しかし、情勢分析を政策に都合のよいように分析していたら、いつか、大きい破綻を迎える。外務省内に異論をはさむ部局を作り、内部チェックを行おうというのが国際情報局設立の趣旨であった。省内主流派の反対を押し切り、坂本重太郎官房総務課長（当時）などが国際情報局を発足させた。しかし、こうした組織は政策実施当局には邪魔な存在である。設立理念の理解は消え、その後、この局は消滅した。

今日の日本社会では空気に逆らうことを咎《とが》める風潮が一段と強まった。二〇〇七年から〇八年にかけてＫＹ（空気を読めない、空気を読めの略）という言葉が流行した。あいつはＫ

Yだから困ると互いに囁《ささや》き、その人物を自分たちの仲間、組織からはずしていく。

　政治の世界でも、小泉純一郎総理時代、郵政民営化をめぐり、この流れがピークに達した。自民党内で郵政民営化に反対した議員は除名されただけでなく、選挙時、刺客が送られた。組織の指導者の見解に反対したら抹殺される、その動きに対し世論は反対せず、むしろ喝采する。この動きに筆者は怖さを感じた。自己の考えを持ち、それを自由に発言する、それは民主主義の原点ではないか。政治家の使命ではないか。

　特定の課題を通すために、異なる価値観を述べたものには、その人間を組織から抹殺していいという方針を確立したら、その組織は必ず衰退し、滅亡していく。筆者は組織の健全さはどこまで異なる価値観の存在を認めるかにあるとまで思っている。しかし、いまの日本では、右であれ左であれ、官であれ民であれ、公的であれ私的であれ、ほとんどの組織、集団で、その指導者と異なる考えを持つなら組織から出てくださいという論理が横行し、国民はそれにさしたる疑問を持たない。

　では安全保障を担当している防衛省内ではどうだろうか。

　筆者があるとき、防衛大学校内で、制服の人と安全保障の問題を語りあっていたときのことだ。その人は「制服組は三矢《みつや》研究の影響をいまだに引きずっている。あれ以降、われわれ仲間内でも腹を割って真剣に安全保障の問題を議論することはなくなった」と言う。

三矢研究とは、一九六三年に自衛隊の統幕会議事務局が朝鮮半島をめぐる有事のときの研究を行ったのに対して、社会党の岡田春夫衆議院議員が六五年の衆議院の予算委員会で、「自衛隊の政治への介入だ、シビリアン・コントロールを侵すものだ」と指摘し、統幕議長以下が処罰された事件である。

中村龍平元統幕議長は、防衛研究所発行のオーラル・ヒストリー（二〇〇八年）の中で、三矢事件は「米国が入らないで日本だけで何ができるか」を研究しようとしたが、総理が怒り、それ以降こういう研究は公然とはやらないという風潮が、自衛隊に流れてきた、と述べている。

防衛大で筆者に対して三矢事件に言及した人は、「議論に勝って、飛ばされるということもありますし」と発言した。正論が議論の場では通っても、発言者は議論を扱う部署から追われる。

筆者は驚いて、「そんな台詞、自衛隊の中にあるのですか」と聞いたら、「だって日本中みんなそうでしょう」との答えが返ってきた。たしかにそうかもしれない。日本では、正しいことを述べることと「抗空気罪」ではどちらが重視されるかといえば後者である。議論に勝って、飛ばされる。その警告をもって組織の中で生きるべきかもしれない。でも何と寂しい台詞だろう。

イランの童話が教える戦略思想

筆者は一九九九年から二〇〇二年まで駐イラン大使を務めていた。ここでイランの童話を読みあさった。この中にフクロウの集団とカラスの集団の戦争の話がある。

童話は「ある時フクロウの集団がカラスの集団を襲いました。このときカラスの王様は何人かの大臣を寄せ集めどう対応するか意見を聞きました」で始まる。ここで、読者の皆様にはカラスの大臣になったつもりで助言を考えてみて欲しい。じつは筆者が安全保障関連での講演中しばしば行う質問である。駐イラン大使のとき、自衛隊の練習艦隊がイラン革命後初めてイランを訪問し、その際、「大使、講話をお願いしたい」と言われたときにも艦上でこの問を出した。

さて、読者はどのような助言を用意されただろうか。イランの童話では案がいくつも出る。戦う、一時避難する、交渉する、他の鳥の援軍を求める、防御を固める。最後に首相が次の進言をする。

「自分を傷つけ放り出せ。自分は敵に駆け込み、『自分は和平を主張し痛めつけられた。恨みがある。カラスをどう攻撃するか助言する』と言って自分を受け入れさせる。相手側に受け入れられている間に敵の弱点を探りそれを知らせる。王様はそれに従い攻撃してく

ださい」（筆者訳）

最後の助言はヘロドトスの『歴史』に記載されているペルシア軍によるバビロン城攻略時のゾピュロスの助言と同じである。

この童話には安全保障を考えるべき基本的要素がすべて入っている。防御を固めるという点では、今日のミサイル防衛がこの範疇《はんちゅう》に入る。他の鳥の援軍を求めるのは、日米同盟を意味するであろう。一時避難は劣勢にあるときには戦いを避けよとの『孫子』の思想に合致する。さらに謀略もある。

筆者がこのイラン童話の素晴らしさを述べていたら、ある日、イランの専門家岡田富美子氏から「あなたが述べられているイラン童話の原典は八世紀のカリーナとディムナの書です。この書は西暦三〇〇年のインドの書を基礎にしています」とのお手紙をいただいた。フクロウとカラスの戦いはペルシア・インドの戦略的思想の叡智が凝縮されたものである。

国内で様々な聴衆を前にイランの童話の質問をして気づいたことがある。

第一に、童話では六つの選択が示されている。異なる環境下では各々の選択は変化する。有効な防御手段が技術的に可能か、頼る相手がわれわれを助け、相手と戦うのを利益と考えるか、相手が交渉で妥結する意思を有しているか、各々が様々な要因で変化する。

特定の条件の下では、どの選択も最善の選択になる可能性を有している。したがって安全保障を考えるときには、この六つの選択のように種々の可能性を考慮する必要がある。

しかし、講演で質問しても聴衆から六つのケースすべてが示されることはない。軍事色の強いグループでは交渉が出てこない。逆に外交に関心のあるグループからは防御を固める案が出てこない。

第二に、日本の安全保障の要は日米安保条約の存在とされている。ではフクロウとカラスの戦争での質問のときに、他の鳥の援軍を求めることが最優先されるかというと、そんなことはない。その方が安全保障を考えるときの自然な発想のはずである。もしそうであれば、われわれが日本の安全保障のあり方を考える際に、日本の安全保障の要は日米安保条約の存在である、との結論を出す前に考察すべきことがあるのではないか。

今日米国では、中国の力が増すにつれ、中国を自分たちの方に引き込むべきだ、その際には中国と対立する日本にあまり入れ込むのは好ましくないとの議論が出始めている。

コンドリーザ・ライス前国務長官は、『フォーリン・アフェアーズ』誌、二〇〇八年七・八月号で、「アメリカ国益を再考する」と題する論文を発表した。この中で中国はアジアの将来を決定するとの認識を紹介し、対中政策を延々と考察している。しかし、日本については豪州、東南アジア諸国並びに日本とし、日本を民主主義の同盟国として位置づけているにすぎない。伝統的に日本重視の共和党ですら中国重視の段階に入った。

これに加えてオバマ政権の誕生で中国重視の可能性が一段と高まった。エネルギー長官に中国系スティーヴン・チュー(朱棣文)が選出された。さらにヒラリー・クリントンが国務長官に選出されたが、夫のビル・クリントン元大統領は九八年の訪中において日本より中国を重視する姿勢を打ち出している。二〇〇八年一二月、ヒラリーの国務長官指名に先立ちクリントン基金に対する献金者リストが公表されたが、一二月二二日付英スタンダード紙は、香港、中国本土の著名者による献金は二〇〇万ドルと報じている。クリントン夫妻の中国人脈は明確に日本人脈より太い。〇九年二月のヒラリー国務長官就任後、初の訪問国が日本だったことを国務長官の日本重視の表われととる向きもあるが、彼女が日本より中国を重視する可能性は高い。

他の鳥にとり、カラス軍団の支援は常にいちばん良い選択とは限らない。フクロウとカラスの力関係で、時によってはフクロウと手を組むのが有利である。いずれにせよ、通常は、安全保障上の多くの選択を検討し、その後同盟を考える。

最後に、フクロウとカラスの戦争で最終的に王様が採用した謀略案を指摘する人は聴衆から出てこない。もし、安全保障の分野で謀略が入るのが普通だとすると、謀略への準備のない日本は常に謀略に敗れることとなる。

上兵は謀を伐つ

策謀を重要視するのは何もペルシア特有ではない。コーランは「彼ら（敵）はいろいろ企んだが、神も企みたもうた。神は最も巧みな策謀家である」として、策謀に富んでいるのを徳としている。興味あることに一〇世紀前後の中央アジアの出土品からは「悪魔の奸《かん》計《けい》は守る者の武器」「奸計と善行が軍に力を与える」と策略の重要性を陶器に書いたものが見つかっている。

歴史上名高い古代中国の兵法書『孫子』では、「故に上兵は謀《はかりごと》を伐《う》つ。その次は交《まじわり》（同盟）を伐つ。その次は兵を伐つ。その下《げ》は城を攻む」と記している。『孫子』では最上の策は、敵の謀を見抜き、それを封じることであるとしている。

日本では、昔から『孫子』で最も低い評価しか与えていない「城を攻む」を評価してきた。日本の戦史を見てみればほとんどが「城を攻む」で功績のあった人が並ぶ。

日本では、戦略分野で真珠湾攻撃という暴挙に出た山本五十六を賞賛する声が圧倒的に多い。しかし太田文雄氏は「ジョン・ホプキンズ大学での講座で第二次大戦時の各国の戦略評価をし、日本の評価を一〇点満点中二点とした」と指摘した。大学で生徒に一〇点満点で四の評価をつけるのは相当躊躇《ちゅうちょ》するものだ。それが二だ。海外の戦略家は山本五十六を含む日本の戦略レベルを最低点、落第点の評価しか与えていない。日本の軍関係の歴史本を見ると、その山本五十六を高く評価している。われわれ日本人は山本五十六を批判できる戦略眼がないことを意味しよう。時の国際情勢を把握してはじめて山本五十六批判が出てくる。もし自衛隊の中枢に山本五十六を批判できる力が備わったら、国際的に及第点の水準に近づく。

米国の大学での評点では、日本は作戦・戦術レベルでは高い。何も日本が軍事面すべてで劣っているわけではない。つまり、局面が狭まり軍事面に特化すれば日本人は高いレベルを示す。イラクに派遣された自衛隊の人が述べていた。「イラクでわれわれ自衛隊がいかに凄いかを痛感した。車を整列させるときにわれわれはピタリと並べる。米軍ではこうはいかないのです」。彼の発言は部分として見ると正しい。しかし軍の本質をどこか見落としている。

日本で戦争論・戦略論というと、太田氏の論文にあったように、陸の匍匐前進、海の面舵・取舵、空のドッグ・ファイトに近ければ近いほどいい戦争論・戦略論と思われているのではないか。

先述したように、『孫子』では「故に上兵は謀を伐つ。その次は交（同盟）を伐つ。その次は兵を伐つ。その下は城を攻む」となっている。戦争・戦略論はこの順で展開されるべきである。

「謀を伐つ」「交を伐つ」は簡単に身につかない。政治・歴史・心理等を熟知する必要がある。軍事関係者は軍事だけに特化するべきでない。匍匐、面舵、ドッグ・ファイト以外をどう学ぶかである。広い層と交流すべきである。読書を行うべきである。特に、われわれが劣る戦略や謀を学ぶべきである。

筆者は現代の謀を学ぶのに一冊だけ紹介してくれと言われれば、躊躇なく、ジョン・ル・カレの『寒い国から帰ってきたスパイ』(ハヤカワ文庫、一九六三年)を勧める。味方や身内の人命をいくつか捨て、一般のモラルに反しても、相手の裏をかき、自分たちが最重要視するスパイを守りきる英国情報機関を描いている。そして今日でも、世界中の主要国の情報組織は工作を行っている。もちろん対日工作を含めてである。

第二章　二一世紀の真珠湾攻撃

——FBI長官代行は、ブッシュ大統領にテロ対策責任者として任命されたジョン・アシュクロフト司法長官に対し、二〇〇一年の夏のあいだに見つかった多くの危険信号に留意するよう、何度も求めていた。……アシュクロフトがFBIに見たくないと言った報告書の中には、オサマ・ビンラディンが合衆国中の民間航空学校で部下を訓練させている可能性について早急に調査が必要であるとする現地部門からの警告もあった（中略）。

CIA長官は（テロの）警戒システム全体が「真っ赤に点滅していた」と書いている。……二〇〇一年の六月と七月に、この警告をコンドリーザ・ライス国家安全保障担当補佐官に必死に伝えようとしたが、無視された。（中略）

大統領自身が受け取ったCIA報告書の紙面には、八年間の大統領日例指示（PDB）のうちで最も強い警告の鋭い見出しがあった。「ビンラディン、米国内攻撃を決断」というものだ。

（アル・ゴア『理性の奪還』ランダムハウス講談社、二〇〇八年）

九・一一同時多発テロが米国国内に与えた衝撃

二〇〇一年九月一一日の米国同時多発テロ事件は今日の国際情勢の基調を定めた。九月一一日のテレビの映像はあまりにも強烈であった。筆者もテヘランでCNNを見て仰天した。しかし、誰よりも衝撃を受けたのは米国人である。ポール・ポーストは『戦争の経済学』(バジリコ、二〇〇七年)で、重大事件が生じた翌日の米国ダウ平均株価がどう変化したかを紹介している。それによると、真珠湾攻撃はマイナス三・五〇%、朝鮮戦争はマイナス四・六五%、ケネディ暗殺はマイナス二・八九%、イラク侵攻はプラス〇・二六%。

さてこうした数字を見た後、読者は九・一一同時多発テロの影響がどの程度と推測されるであろうか。結果はマイナス七・一二%である。この数字は同時多発テロ事件がいかに米国に衝撃を与えたかを示している。この衝撃を背景に、米国国内も国際情勢も大きく変化した。

したがって歴史的大転換の契機になった九・一一同時多発テロがなぜ生じたかを正確に知る必要がある。そして、この事件を見ていくと、九・一一同時多発テロはある日突然、過激派のイスラム教徒が行動を起こしたという以上のものがある。

九・一一同時多発テロ前の米国の安全保障政策はどういうものであったか。

ソ連の崩壊によって米国は世界最強の軍事組織を確立した。しかし、一九九三年一月から二〇〇一年一月まで継続したクリントン大統領の政権は、安全保障にさしたる関心を持っていない。米国は、せっかく築いた最強の軍事組織が弱体化する危険を孕《はら》み始めた。ここに九・一一同時多発テロが発生した。これによって、軍事行動をより積極的に行いうる環境が生まれた。では、最強の軍事組織の堅持を望むグループが九・一一同時多発テロの発生を誘導する動きをすることはなかったのであろうか。

前章で『孫子』が、「故に上兵は謀を伐つ」と述べているように、安全保障分野では謀略の重要性がきわめて高い。では今日、軍事的に世界最強を誇る米国は謀略の分野でどのような動きをしているのであろうか。九・一一同時多発テロと謀略は結びつくのであろうか。そして、こうした動きは米国の安全保障の歴史の中で特異な現象なのであろうか。あるいはしばしば現れ、米国の安全保障を語るときに見逃せない要素なのであろうか。その点を見てみたい。

「二一世紀の真珠湾攻撃」という言葉が意味するもの

二〇〇二年一月二七日、ワシントン・ポスト紙一面は、九・一一同時多発テロが生じた日のブッシュ大統領の行動を詳細に報道した。その中で「ブッシュは『本日二一世紀の真珠湾攻撃が発生した』と口述させた」(筆者訳)と報じた。では、ブッシュが口述させた「二一世紀の真珠湾攻撃」という言葉が意味するものは何か。

その際には、まず、真珠湾攻撃の意味を理解する必要がある。じつは真珠湾攻撃は、第二次大戦の英国の状況と深く関連している。当時英国はドイツの攻撃にさらされ、瀕死の状況であった。これを打開するには米国が参戦し、ドイツと戦ってくれる必要がある。しかし、米国国民は第二次大戦に参戦するつもりはなく、中立の立場を貫いていた。ここで真珠湾攻撃が生じた。

当時、英国首相だったチャーチルは、『第二次世界大戦』(河出書房新社、一九七二年)に真珠湾攻撃の日の感銘を次のように記している。

「一七ヵ月の孤独の戦いの後、真珠湾攻撃によってわれわれは戦争に勝ったのだ。日本人は微塵に砕かれるであろう。私はかねて米国の南北戦争を研究してきた。米国は『巨大なボイラーのようなもので、火がたかれると、作り出す力に限りがない』。満身これ感激と興奮という状態で私は床につき、救われて感謝に満ちたものだった」

チャーチルは真珠湾攻撃があったから、英国が救われたと述べている。チャーチルは南北戦争を研究してきたと言っている。たしかに南北戦争の始まりは、見事なくらい、真珠湾攻撃と類似している。この事情は清水博の『世界の歴史17　アメリカ合衆国の発展』（講談社、一九七八年）によると、リンカーンは奴隷州の連邦からの分離は認めないと明言し、同時に「南部が攻撃しないかぎり、戦争は起こらない」という主旨を述べたという。南部にあるサウスカロライナのチャールストン港入口にあるサムター要塞はまだ星条旗を掲げていた。リンカーンはこれに食糧の補給をすると通報し、補給艦を派遣したが、南部はこれを北部の挑戦と受け止め、要塞を攻撃した。北部では星条旗が砲撃されたとして、「旋風のような愛国心」が巻き起こった。

リンカーンは南部が独立する動きを見せている中、米国の統一には、戦争が必要と見ている。自ら戦争を開始することはなかったが、南部から先に攻撃させる状況を作り、攻撃を受けた国民の怒りを背景に、望んでいた戦争に突入させた。

真珠湾攻撃が米国安全保障関係者の間でいかなる評価を得ているか。

キッシンジャーは『外交』（日本経済新聞出版社、一九九六年）で真珠湾攻撃を、「アメリカの参戦は、偉大で勇気のある指導者の並たいていでない外交努力が達成した大きな成果だった。……孤立主義的な国民を大規模な戦争に導いた」と「評価」している。同書によると、一九四〇年五月まで米国人の六四％は平和の維持はナチスの敗北より重要だと考えていたが、真珠湾攻撃で、ナチスの勝利を妨げることより平和を望むのは三二％になった、という。

キッシンジャーは、「並たいていでない外交努力」で米国が参戦できたと書いている。並たいていでない外交努力で戦争を避けたのではない。外交努力で参戦できたという表現を使用している。米国が日本につきつけた満州を含む中国全土からの撤退という要求は日本がのめないものと見なしている。

英戦略家ベイジル・リデル・ハートは、『戦略論』(原書房、一九八六年)で、四一年八月一日のルーズベルトの対日石油禁輸命令について、日本は戦うしかないという成り行きに陥ることはわれわれが以前行った研究によって、われわれが常に意識してきたことである、日本が四ヵ月以上も自らの攻撃を繰り延べたことは注目すべき事実である、と述べている。

これらを踏まえて、ブッシュが日記に口述させた、「本日二一世紀の真珠湾攻撃が発生した」の意味合いを考えてみたい。

BBC(英国放送協会)は二〇〇二年八月、「ブッシュ大統領は二一世紀のチャーチルか」との題で、ブッシュはチャーチルに対して崇拝の気持ちを持っていると報じた。ブッシュは、ホワイトハウスにチャーチル像を持っている。そんな彼は当然、チャーチルの代表作『第二次世界大戦』の真珠湾攻撃についての記述も知っているだろう。さらに、キッシンジャーはブッシュ政権下、助言者として、最も頻繁にホワイトハウスを訪れていた。こう見ると、ブッシュの「二一世紀の真珠湾攻撃」は偶然出てきた言葉ではない。

「新たな真珠湾攻撃」を望んだPNACグループ

一九九七年六月、米国の有力な保守主義者たちは、「二〇世紀の歴史は危機が生ずる前に状況を整える必要があり、危機が差し迫る前に対応する必要があることを教えた。われわれは地球規模の責務を追求するため国防費を大幅に増強すべきである」（筆者訳）等を主張点とする「アメリカ新世紀プロジェクト（PNAC）」というグループを立ち上げた。このグループは保守強硬派をほぼ網羅し、二〇〇一年にブッシュ政権が成立するや、安全保障関係の中核を構成した。設立趣意書の署名者（s）及び会員には次ページの表の人物がいる。

この表を見ると、PNACメンバーはパウエル国務長官を除き、国務省、国防省の中核をほぼ完全に押さえている。このPNACは九・一一テロの一年前の二〇〇〇年九月、PNACの数々の文書の中でも最も重要な「米国防衛再建計画」を公表した。

この文書は、米国は新たな世紀において、安全保障面で世界の指導的立場を維持するために変革に取り組むべきであると主張した後、「新たな真珠湾攻撃のように大惨事を呼び

人物名	ブッシュ政権での役職等
エリオット・エイブラムズ(s)	NSC中東部長
ジェブ・ブッシュ(s)	ブッシュ大統領の弟、フロリダ州知事
ディック・チェイニー(s)	副大統領
アーロン・フリードバーグ(s)	副大統領安全保障担当
ロバート・ケーガン(s)	ネオコンの中心的存在
ルイス・リビー(s)	副大統領首席補佐官
ドナルド・ラムズフェルド(s)	国防長官
ポール・ウォルフォウィッツ(s)	国防次官
リチャード・アーミテージ	国務副長官
ジョン・ボルトン	軍備管理担当国務次官補
リチャード・パール	国防政策諮問委員会委員長

ブッシュ政権における主なPNACメンバー　(s) は署名者

かつ他の現象を引き起こしていく事件がなければ、この変革は長いものになるだろう」（筆者訳）と述べた。

つまり、軍事力強化には議会の反対などがあって容易ではないが、新たな真珠湾攻撃があればその壁も破れ、米国の軍事優位が確保できる体制が作れると主張している。したがって新たな真珠湾攻撃の発生を歓迎している。米国は新たな真珠湾攻撃を受ける危険があるので避けなければならないと述べているのではない。歓迎するとしている。

おそろしい話であるが、同時多発テロ事件が生じたとき、国防省、国務省の幹部は第二の真珠湾攻撃を歓迎する立場の人々が占めていた。勿論ブッシュ大統領も承知していたであろう。こう見ると、ゴアが指摘した本章冒頭の動きも不自然ではない。

さらにブッシュ大統領のサダム・フセインに対する対応を見てみよう。二〇〇〇年の大統領選でブッシュの外交顧問の役割を担っていたライスは、同年一〇月一二日の外交評議会で次のように説明した。

「サダムが政権にいる限りなにも変わらない。われわれは政権の座から排除するためにありとあらゆる手段を用いるべきだ。ブッシュが最後に言ったことは、機会があれば行動に出るということです。サダムはときとして自分で自分の首をしめるような行動に出るので、そうした機会はたびたびあるでしょう」(筆者訳)

ブッシュがフセインの排除を目指していたことは明確である。

南北戦争、真珠湾攻撃、九・一一同時多発テロの三つを並べてみよう。この三者は実に見事な類似性を持っている。

いずれのときも、時の政権中枢部は軍事的行動に踏み切らなければならないとの危機感を持っていた。南北戦争は南部が独立するのを阻止するため、第二次大戦ではナチスが勝利するのを阻止するため、九・一一同時多発テロは多くの異なる目的の複合で事態を複雑にしているが、少なくとも、米国が圧倒的に優位に立っている軍事体制を維持するためである。

攻撃の後、〝旋風のような愛国心〟が生じて、米国は新たなる軍事行動─戦争に突入できた。九・一一同時多発テロは米国に一種のヒステリック状況を招いた。二〇〇〇年の大統領選挙をブッシュと争ったゴアは、『理性の奪還』の中で、「政治プロセスを操作するために恐怖を悪用したのだ」と記している。

九・一一同時多発テロ、ブッシュ政権、イラク戦争の真相を追求しようとする者は簡単に非愛国者、反米のレッテルが貼られる。ゴアもまた、イラク戦争反対で一気に政治生命を失っていった。

ブッシュ政権はテロ予告情報になぜ反応しなかったのか

陰謀論の行使には大別二つある。一つは偽旗工作(false flag operation)と呼ばれるものである。このケースは敵になりすまして行動し、結果を敵になすりつける。

じつは国際法には偽旗工作という定義がある。国際法はこの行為を全面的に否定していない。海戦法規では攻撃前まで敵の旗を掲げていても、攻撃直前に自己の旗を掲げれば違法とは見なされない。第二次大戦中、英国はしばしばこの偽旗工作を行った。多分多くの日本人は偽旗工作が部分的にせよ国際法で容認されていると知って驚くであろう。

第二は敵が攻撃に出る際、敵の行動を誘導し、間接的にその実現を支援する。真珠湾攻撃は後者に属する。九・一一同時多発テロに関しても後者との関連がしばしば指摘される。

CNNは二〇〇四年四月一〇日、下記報道を行った（筆者訳）。

「以下は『オサマ・ビン・ラディンは米国を攻撃する』と題する大統領へのブリーフィング、二〇〇一年八月三日分の写しである。原本の一部は安全保障上の理由により大統領府により非公開である。

秘密機関、外国政府、新聞報道によると、ビン・ラディンは一九九七年以降米国への攻撃を意図している。ビン・ラディンは九七年に行われた米国テレビとのインタビューで『彼の支持者はユセフが実施した世界貿易センタービルの例を踏襲しようとしている、戦いを米国に持ち込む』と示唆した。レサムはビン・ラディンの右腕ズバヤダにロス空港攻撃を計画している旨告げ、支援を得た。『ビン・ラディンが飛行機をハイジャックしようとしている』という、より衝撃的な情報に関しては裏付けがとれていない。しかしながら、FBI調査はニューヨーク連邦関連ビル監視などハイジャックないし他の攻撃の準備と見られる疑わしい活動を示唆している。

FBIはビン・ラディン関連の七〇の捜査を実施している。CIAとFBIは本年五月に入手した『ビン・ラディン・グループないし支援者が米国にいて爆薬を利用して攻撃することを考えている』との情報を捜査している」

これだけの情報が九・一一同時多発テロの約一ヵ月前に大統領に報告されている。かつ、実行犯一味をビン・ラディン・グループないし支援者と特定した。飛行機のハイジャックが手段の中に明示されている。なぜブッシュ政権は動かなかったのか。

南北戦争、真珠湾攻撃、九・一一同時多発テロ事件を見てきたが、どのケースにおいても〝旋風のような愛国心〟が生じた。南北戦争においては発砲が四月一二日で一五日にはリンカーンは七万人の志願兵の召集をした。真珠湾攻撃は一二月七日(米国時間)で、翌日宣戦布告がなされている。九・一一後、ブッシュがテロとの戦争を宣言したのは九月二〇日である。

第一章で、日本人は戦略的な思考が弱いことを見た。特に、謀略、陰謀論的な動きが出ると、「それはあり得ないでしょう」と思考を停止する。そもそも陰謀論的動きは発覚しないことを目指している。謀略は通常人的犠牲を払い、その犠牲に対する怒りを利用して目標を達成する。犠牲者を考えれば、謀略を行ったとは口が裂けても言えない。当然責任者は否定する。百パーセントの確証が出ることはない。こうして信頼に足る人は陰謀論に手をつけない。ますます、日本人は陰謀・謀略を理解できなくなる。

陰謀は悪ではない

第一章冒頭（二四ページ）で紹介したニクソンの『指導者とは』を再度、見ていただきたい。陰謀論をはねつけることの危険性が理解できるだろう。

ニクソンもまた、指導者の資格で「権謀術数は指導者にはなくてはならない」と述べ、ルーズベルトとリンカーンを引用している。

さらに興味深いのはブッシュ政権で安全保障の政策を取り仕切ってきたディック・チェイニー副大統領はニクソンに近いことだ。チェイニーは、一九六八年の大統領選挙ではニクソン陣営で働き、七一年ニクソン大統領下のホワイトハウスで勤務している。

ワシントン・ポスト紙コラムニスト、マリー・ココは、「チェイニーはニクソン以来の米国政治において最もニクソン的政治家」（二〇〇八年三月二七日付同紙、筆者訳）と評した。ここで奇《く》しくもリンカーン—ルーズベルト／チャーチル—ニクソン—チェイニーが繋がった。そのことは南北戦争—真珠湾攻撃—九・一一と一貫した政治哲学の繋がりが存在することを示唆している。

米国の安全保障政策の中で、なぜ謀略が生まれてくるか。これは米国の政治風土と深い関係がある。

大統領を含め、安全保障関係者にはなすべき政策がある。第二次世界大戦に戻れば、米国は大戦に参加し、ナチスの暴走を止める必要を痛感している。しかし、米国民は戦争に反対した。ナチスを止めるという行動をとるには、米国民が参戦に同意する契機が必要となる。米国では国民の発言力がどの国よりも強いだけに、国民を誘導する謀略がどの国よりも必要となる。したがって米国の安全保障政策では謀略は不可分の関係となっている。

歴史的には、安全保障関係者は、共産主義の拡大を止めるにはベトナム戦争を行う必要があり、そのためには北ベトナムに対する空爆が必要と考えた。しかし、世論が反対する。ここに世論に対して北ベトナム攻撃を正当化できる何かの事件が望ましい。

キューバにおけるカストロ政権の成立は、米国の隣に共産主義政権ができるという脅威を作り出した。軍事的にはこの政権を抹殺したい。しかし、世論が反対する。そこで世論に対してキューバ攻撃を正当化できる何らかの事件が望まれる。

こうした中で謀略が生まれる。

この理解が九・一一同時多発テロの理解に必要であり、そのためには米国で陰謀がどのように展開されてきたのかを見る必要がある。ここでは二つの事例を見てみたい。

トンキン湾事件

陰謀の例として、しばしば指摘されるのがトンキン湾事件である。トンキン湾事件は一九六四年八月、北ベトナム軍が米海軍の駆逐艦に魚雷を発射したとされる事件である。米議会はこの事件の直後、上院で八八対二、下院で四一六対〇で大統領を支持する決議をした。この決議は、その後、駐留米軍を一万六〇〇〇人の軍事顧問から五五万人の戦闘部隊に拡大する授権立法として利用された。

トンキン湾事件は米国がベトナム戦争に積極的介入をする契機となったものである。北ベトナムが実際に攻撃したのか、米国が北ベトナムの攻撃があったと偽装したのかは、歴史の転機として極めて重要である。従来様々な説があった。当時国防長官であったロバート・マクナマラは、事件から三〇年余後、『マクナマラ回顧録』(共同通信社、一九九七年)で、議会決議につながる二度目の攻撃はなかったと述べている(以下、要約)。

「最初の攻撃の後、大統領の下で会議をします。このときは、『米艦攻撃は現地指揮官の判断で実施した可能性がある』として報復攻撃をしないことに決めます。現地のテーラー駐南ベトナム大使(元軍人)は報復攻撃をしないことに抗議の電報を送ってきました。34A計画とDESOTOパトロール(いずれも米国が北ベトナムに対して行っていた軍事工作)は引き続き継続されました。

ここで正体不明の船舶からの攻撃近しとの連絡を受け、現地で大混乱が生じました。再び会議が開かれ、『われわれが挑発しないにもかかわらず、ベトナム側が第二の攻撃を行ってきたことは容認できない』との結論になりました」

トンキン湾事件では、ベトナム側の第二の攻撃の有無が、米国が陰謀を行ったか否かの鍵になる。マクナマラは、回顧録の中で「一九九五年に、ベトナム戦争中、国防相の地位にあったザップ将軍と会談し、ここで第二のベトナムの攻撃が存在していなかったことを知った」と記している。そのことは大筋、陰謀説の存在を認めることとなる。マクナマラはさらに次のように述べている。

「アメリカ側が計画的に挑発したのではないかという非難が続いている背景には、元政府関係当局者の何人かがこの見方を容認していることにあります。ジョージ・ボール国務次官はBBCで『ベトナム戦争に関連した任務にあった多くの者は北ベトナムへの爆撃を開始するための口実を、何でもいいから探していました。DESOTOパトロールの任務は何よりも挑発的でした。アメリカの駆逐艦が何らかの面倒に巻き込まれたら、われわれが望んでいる北ベトナムへの挑発がうまく手に入るという気分がありました』と述べています」

事件発生から三〇年以上経過し、責任者が決定的証言を行った。

ノースウッド作戦

米国軍部がキューバ攻撃を意図したものに、ノースウッド作戦と呼ばれるものがある。二〇〇一年五月一日のABCニュースを見てみたい。

「一九六〇年代米国軍部指導者は無実の人を殺害し、米国内でテロ行為を演出しこれによって対キューバ戦争（開始）に対する国民の支持を取り付ける作戦を作成した。

ノースウッド作戦は、キューバ移民の殺害、公海上でキューバ難民を積んでいる船の沈没、飛行機のハイジャック、米国船舶の撃沈などを含んでいる。計画はカストロ追放のための戦争を米国民が支持するように計画された。米国軍部高官はグアンタナモ湾停泊の米国船舶を攻撃しこれをキューバの罪とし、米国の新聞で被害者リストが報じられることで米国内に怒りの波を起こそうとした。これら計画は参謀本部の認可を受け、一九六二年マクナマラ長官にあげられたが、結局、（ケネディ政権の）文民により却下された。四〇年後文書が公開されることとなった」（筆者訳）

ノースウッド作戦関連文書はジョージ・ワシントン大学付属国家安全保障公文書館のウエブ・サイトに掲載されている。ここに「極秘」を棒線で消し、「キューバに対する米国の軍事的介入への正当化」と題し、当時の参謀本部議長の署名のある国防長官宛メモランダムがある。

このノースウッド作戦関連文書については、一九九七年一一月一八日にロイターがジム・ウルフの署名記事を、同日APが無署名記事で、また翌日ニューヨーク・タイムズ紙がティム・ワイナーの署名記事を、それぞれ報じている。これらのことから、事実であることは間違いない。この文書はケネディ暗殺関連で公開されることになった。カストロ政権への対応でケネディと米国軍部とが明確に異なっている。

もしケネディ暗殺に関連する文書と見なされなければ、決して公開されなかった文書であろう。その意味で極めて希有《けう》な文書である。米国政府の陰謀なんてあるはずがないではないかという人も、この文書に目を通すと、多分考えが変わるだろう。

米国軍部がキューバ人になりすまして、米国人を殺し、その怒りを利用して対キューバ軍事作戦をしようとする計画を見て怖くなる。筆者は過去いろいろな文書を見たが、最も衝撃を受けたものの一つである。ノースウッド作戦は決して、孤立した事件ではない。たまたま公開に至った文書である。この作戦はわれわれが米国の動きを見るうえで貴重な教訓となる。

米国では世論を無視して軍事行動はとれない。しかし、安全保障関係者からすればどうしても行いたい軍事行動がある。その際には世論を動かす事件が必要である。こうして米国安全保障政策のうえで謀略は不可欠となる。

こうした謀略的発想は単に軍事作戦に限らない。広い意味での安全保障分野にも表れる。本書の全体の流れからはやや逸脱するが、しかし、謀略的発想がわが国にいかに影響を与えたか、米国の意図を十分に把握していない場合には、わが国の外交や安全保障政策がいかに米国の意図に翻弄されるかを理解するために、北方領土関連を見てみたい。学ぶべき点が多く含まれていると思う。

北方領土の利用価値

わが国の戦後外交に関する問題を紹介したい。わが国の戦後外交政策の柱に北方領土返還の要求がある。今日この問題の解決は国民が強く望む外交課題のひとつである。ただし、この問題にはわれわれはもっと学ぶべきものがある。

「一粒で二度おいしいアーモンドグリコ」という宣伝がその昔あった。日本の領土である北方領土は、米国にとり二度、三度と味わったおいしいアーモンドグリコである。

一度目はルーズベルトとスターリンである。ヤルタ協定（一九四五年二月会談、四六年二月米国国務省発表）で「千島列島はソヴィエト連邦に引き渡さるべし」と規定した。このヤルタ協定の合意がどのように行われたか。グロムイコ元ソ連外務大臣は『グロムイコ回顧録』(読売新聞社、一九八九年)で次のように記述した(要約)。

「ヤルタで会談に臨む前に、米側からスターリンに英語で書かれた緊急の書簡が届いた。米国は『クリル(千島)列島についてソ連の領有権を承認する』と言ってきた。スターリンは喜び、『米側は次にソ連の対日参戦を求めてくるぞ』と言った」

この時期、米国はソ連の参戦を強く望んでいた。ルーズベルト、及びルーズベルトの死後大統領になったトルーマンに共通した関心事は、米国軍の被害をいかに少なく抑え、日独の全面降伏を勝ち取るかである。そこで、日本の抵抗をできるだけ少なくするため、ソ連の参戦を望んでいる。そのため、千島列島という餌をソ連に与えたのである。

トルーマンは『トルーマン回顧録』(恒文社、一九九二年)で、四五年七月二四日の米英首脳会談で「ソ連の対日参戦を奨励する」ことに合意したと記している。トルーマンは千島列島をソ連領とするヤルタ協定を認めることをソ連側に伝えている。千島列島はソ連参戦の対価としての意味合いを持った。勿論ソ連軍が日本を攻撃した際トルーマンはこれを歓迎した。

次いでポツダム宣言(七月二六日)では、「日本国ノ主権ハ本州、北海道、九州及四国並ニ吾等ノ決定スル諸小島ニ局限セラルベシ」と宣言し、日本はこれを受諾した。

サンフランシスコ講和条約(一九五一年九月八日署名)において、第二章第二条(c)は

「日本国は、千島列島並びに日本国が千九百五年九月五日のポーツマス条約の結果として主権を獲得した樺太の一部及びこれに近接する諸島に対するすべての権利、権原及び請求権を放棄する」とした。その直前九月七日吉田茂総理は「千島南部の二島、択捉《えとろふ》、国後《くなしり》両島が日本領であることについては、帝政ロシアもなんらの異議を挿《さしは》さまなかったのであります」と述べている。この時点で、吉田総理は択捉、国後両島は千島の一部であるとの見解を述べている。五一年一〇月一九日、西村熊雄外務省条約局長は「条約にある千島列島の範囲については、北千島と南千島の両者を含むと考えております。しかし南千島と北千島は歴史的に見てまったくその立場が違う」と国会答弁をした。

一九五二年三月二〇日、米国上院は「日本国に関するヤルタ協定と呼ばれるものに含まれている諸規定をソヴィエト連邦の利益のために米国が承認することを意味するものではない」と決議する。

丹波實元駐ロシア大使は『日露外交秘話』(中央公論新社、二〇〇四年)で、この時期について、一九五一年対日平和条約において、日本に千島列島を放棄させるが、この放棄させる千島列島の範囲を曖昧にしておけば、この範囲をめぐって日本とソ連は永遠に争うことになり……という趣旨の在京英国大使館発英国本国宛の極秘意見具申電報があると、記述している。

多くの人はこの電報を見て、英国人はそういうことを考えていたのかと驚くであろう。しかし、驚きはここで終わらない。実は米国自身にも同様の考えがあった。

ジョージ・ケナンと言えば、二〇世紀の世界の外交官の中で最も著名な人物であろう。ソ連封じ込め政策の構築者でもあるケナンは、国務省政策企画部を拠点に冷戦後の米国政策形成の中心的役割を果たした。これを前提としてマイケル・シャラーの記述（前掲『「日米関係」とは何だったのか』）を見ていただきたい（要約）。

「千島列島に対するソ連の主張に異議を唱えることで、米国政府は日本とソ連の対立をかきたてようとした。実際、すでに一九四七年にケナンとそのスタッフは領土問題を呼び起こすことの利点について論議している。うまくいけば、北方領土についての争いが何年間も日ソ関係を険悪なものにするかもしれないと彼らは考えた」

シャラーはこれを裏付けるものとして一九四七年九月四日の国務省政策企画部会合記録を脚注で指摘している。

二つの敗戦国、ドイツ、日本は領土問題について異なる道を歩んだ。二度にわたる大戦の原因が独仏間の領土問題であったことを反省したドイツ、フランスは、争点になっている資源の共同利用を図り、一九五一年ヨーロッパ石炭鉄鋼共同体条約に調印し、今日のEUへの発展の基礎を築いた。他方、日本は米英の謀略とも言える構想と軌を一にする政策を進めていくこととなる。多分自信を持って言えることは、日本の北方領土に関与してきた人のほとんどがケナンたちの考え方を知らないことである。

日本は、一九五六年の鳩山一郎政権時代、歯舞《はぼまい》・色丹《しこたん》を手に入れることで領土問題の解決を図ろうとしたことがある。これに対し同年九月七日、米国国務省は日本に「日ソ交渉に対する米国覚書」を出している。

それによると、日本はサンフランシスコ条約で放棄した領土に対する主権を他に引き渡す権利を持っておらず、このような性質のいかなる行為がなされたとしても、それは同条約署名国を拘束しうるものではなく、また同条約署名国は、かかる行為に対してはおそらく同条約によって与えられた一切の権利を留保するものと推測される、となっている。日本に千島列島に関する領土問題を交渉する能力はないとし、仮に合意すれば米国はサンフランシスコ平和条約による一切の権利を留保する、平和条約はチャラになると言っている。凄い警告である。北方領土は日本が西側同盟に留まるか否かの試金石の役割を果たした。

その後も米国は日本とソ連が接近しないことを目指す。キッシンジャーが訪中し、毛沢東、周恩来と会談している際にもキッシンジャーは、「日本とソ連が政治的な結びつきを強めたら危険です」と述べている（前掲『キッシンジャー［最高機密］会話録』）。

しかし、冷戦が解消されるとどうなるか。

ゴルバチョフ大統領は一九八七年頃から、ソ連は米国の敵になるのを止めたと発言して一方的に軍備削減を行った。ゴルバチョフ—エリツィンは西側に借款を求めている。

ストローブ・タルボットは、『最高首脳交渉』（上・下、同文書院インターナショナル、一九九三年）で、ソ連が八九年西ドイツから得た三三〇億ドルの借款も役立たず、ブッシュに書簡で借款を要請した、と記している。米国としては軍門に降ったゴルバチョフ—エリツィンを支援することを考える。しかし当時の米国経済は良くない。米国は日本の資金がロシアに流れるのを期待する。しかし北方領土問題はこの流れに障害になる。

一九八九年五月から九三年七月まで駐日米大使を務めたマイケル・アマコストは、『友か敵か』（読売新聞社、一九九六年）で、ゴルバチョフ時代からソ連崩壊にかけ米国は対ソ（ロ）支援の方針を固める。その際日本の資金も重要である。しかし日ロの間には北方領土問題がある。よって米国が仲介に出ることを考え、自分（アマコスト）が外務省の何人かに国際司法裁判所への提訴を助言した、と述べている。

北方領土問題は新たな展開を見せた。北方領土問題における対立を和らげ、これによって日本からお金を出させようとする米国の動きはアマコストの思い付きだけではない。キャスパー・ワインバーガー元国防長官も自著『ワインバーガーの世界情勢の読み方』（ぎょうせい、一九九二年）の中で、ここ数ヵ月米国が率先して北方領土問題の早期解決を口にしているため、日本政府も大喜びしているが、もちろんブッシュ（父）政権としてはこの問題が結果的にどうなるかは、それほど大きな問題ではない、要するにお金のない米国に代わってＣＩＳ（独立国家共同体）側に日本が率先してサイフのヒモをゆるめてくれればいい、と述べている。

ここでも米国は仕掛け人として動いている。

しかし、二〇〇〇年誕生のプーチン政権下で力のロシアが再び復活した。もう米国に追随するロシアではない。当然、北方領土を解決させたいというアマコストの考え方は米国国務省から消滅した。われわれが日ロ二国間の懸案と思っているものでも、米英等は自己の戦略の中で考え動いている。そして北方領土問題の歴史を見れば、日本は見事に米国の構想の下に踊らされている。

東西戦略家の説く陰謀の価値

いくつかの陰謀論を見た。筆者には陰謀を仕掛ける国が悪いと主張する意図はない。まして真珠湾攻撃など、誘導されて国際的に犯罪と見なされる行動を起こした者が免責されると主張するつもりは毛頭ない。

戦争は人命の損失を前提とする。人命のやりとりを是認する現在の国際関係において、陰謀、謀《はかりごと》が存在するのは自然なことだろう。各国は自己の国益に基づいて陰謀・謀を行っている。しかし、陰謀・謀をされる国にとっては、武力を使われるより、厳しいものがある。第二次大戦後CIAは米国国内で本当に必要なのかと幾度となく批判され、その存在を脅かされた。そのときCIAが言う台詞がある。「戦後の日本を見てくれ。われわれの工作の傑作である」。春名幹男氏は『秘密のファイル』(上・下、新潮文庫、二〇〇三年)で、CIAの対日工作を記している。この対日工作を見れば、戦後、米国がいかに日本の政界等に深く食い込み、日本の政治を動かしてきたかがわかる。

古今の戦略関係の本には謀への警告を行っている本は多い。

東洋では『孫子』である。『孫子』は前述したように「故に上兵は謀を伐つ」として、「城を攻む」ことは、そのはるかに下と位置づけた。西欧ではマキャベリの『君主論』が有名である。

「君主は狐と獅子を範とすべきである。なぜなら獅子は罠《わな》から身を守れず、狐は狼から身を守れない。したがって狐となって罠を覚《さと》る必要があり、獅子となって狼を脅す必要がある」

現代戦略家の代表リデル・ハートは、『戦略論』(前掲)の冒頭で、『孫子』の「上兵は謀を伐つ」を引用すると共に、戦いにおいて「敵の兵力の拡散」または「敵の注意を無益な目的に逸脱」させるべきであり、「神秘化せよ、誤りへ導け、そして奇襲せよ」が一つのモットーである、と述べている。そして、ハートは、戦略とはその主体が敵を欺瞞《ぎまん》する術《すべ》とまで言い切っている。

しかし、日本のどこに陰謀・謀を真剣に学んでいる所があるだろう。官庁にない。大学にない。研究機関にもない。ときどき、いかがわしい書籍が出て陰謀論を説き、知識階級はますます陰謀論を馬鹿にして遠ざかる。日本に対して「謀」を仕掛ける国からすれば、日本人が陰謀論、謀を一笑に付して、知識層がそうした戦略に何の考慮も払わないことくらいありがたいことはない。

第三章　米国の新戦略と変わる日米関係

――ゴルバチョフは、改革を通じてソビエトが過去への逆コースをたどる恐れがなくなれば、自らは権力の座を退いてもいいとさえ述べた。……「信じられない。彼は本気だ」、私は、口にこそ出さなかったが、ゴルバチョフの話を聞いて、こう思ったものである。（コリン・パウエル「米国の軍事力―今後の課題」『フォーリン・アフェアーズ』誌、一九九二年・九三年冬号）

――われわれは米国に対して「秘密兵器」を持っている。われわれはもう米国を敵と位置づけるのを一方的に止める。もしソ連という敵が存在しなくなったら、米国の軍事支出や対外政策は一体どうなるのであろう。（ゲオルギー・アルバートフ・ロシア科学アカデミー米加研究所所長、一九八七年一二月八日付ニューヨーク・タイムズ紙、筆者訳）

ソ連の脅威が消滅するショック

米国は二〇〇三年三月より始めたイラク戦争で多大な人的・財政的犠牲を払ってきたが、この犠牲を正当化できる理由はほとんど存在しない。〇八年の大統領選挙で米国人はオバマを選んだ。それはこの混乱から抜け出すことを望んでのことである。では、はたしてオバマは中東地域における米国の軍事展開を止めることが出来るのだろうか。

大統領選挙の終盤、奇妙なことが起こった。本来オバマを支持すべきジョセフ・バイデン副大統領候補（現・副大統領）がジョン・マケイン候補を利する発言をしたのである。

「これから私の言う台詞に留意してください。本当に留意してください。ケネディ大統領の時と同じように大統領就任六ヵ月以内に世界はオバマをテストする。私が今日話したことを忘れてもこれだけは覚えておいてください。国際的危機が来る。この人物を見極めるための国際的危機が来る。オバマは真にタフでなければならない。どういう決定がなされるかはわからない。起こることは約束する。歴史を学ぶ者として、七人の大統領の下で働いてきた者として起こることは約束する」（筆者訳）

安全保障の危機に対処するなら、未知数のオバマよりも、経験を積んできたマケインがいいとなる。なぜ選挙直前の最も重要な時期にバイデンが敵を利する発言をしたのか。

バイデン副大統領候補の発言は、オバマが大統領になっても平和はすぐに来ないことを示している。かつオバマ大統領が安全保障でタフな姿勢をとることを求める勢力が、味方陣営の中ですら強いことを示している。

オバマ大統領は国際的危機にどう対応するか、それを理解するには冷戦以降の米国軍事戦略のあり方を知る必要がある。米国は冷戦以降、軍事戦略を大転換し、それがクリントン大統領の民主党政権下、ブッシュ大統領の共和党政権下いずれも基本路線は維持され、今日まで続いている。かつオバマ大統領も間違いなくこの路線を継承する。

イラク戦争は九・一一同時多発テロ事件の影響をうけてブッシュ大統領が実施しただけに、ブッシュ政権特有の政策との印象が強い。しかし、もっと根が深い。米国戦略上イラクを主敵として位置づけたのは、ソ連の脅威消滅後の一九九一年である。冷戦終結後の米国戦略が今日まで継続されてきた。今日および将来の安全保障がどう展開されるかを見る鍵が、実は一九九一年から九三年にある。繰り返すが今日はその延長線上にある。

ソ連崩壊後、米国には二つの選択があった。一つは米国への脅威が軽減したとして重点を経済に移すこと、もう一つは世界で最強になった軍を維持することである。そのいずれの道の選択も可能であった。当時米国は日独の経済的追い上げをうけていた。国民レベルでは米国への脅威が軽減したとして重点を経済に移すことの方が自然であった。

しかし米国では国防省などが中心となり、最強になった軍を維持することを選択した。その際には国民に対してなぜ最強の軍を維持する必要があるかを説明しなければならない。これまでのソ連（ロシア）の脅威は消滅した。これに代わる脅威が必要である。そこでイラン・イラク・北朝鮮を脅威と認識し、これへの積極的軍事関与を決定した。逆に言えば、イラン・イラク・北朝鮮の脅威を十分に説明できなければ、国防政策を根本的に変え、最強になった軍の維持が出来ない状況にあった。しかし、この事情は米国特有の選択である。国際社会の大多数が支持する考えではない。ここから、米国は決定を国連に委ねることなく、単独主義を志向した。最強の軍隊を維持する、そのためには新たな敵が必要となる、これが危険であると説明する必要がある、かつ、この論理は国際的に支持されるとは限らない、したがって単独主義を追求する、これが冷戦後の米国戦略の基本である。

この軍事戦略は基本的に一九九一年から濃淡の差はあれ、ブッシュ（父）、クリントン、ブッシュ（子）三代の大統領時代に一貫した戦略である。ブッシュ（子）の特有の政策ではない。そして、オバマ大統領の安全保障関係者の人選、就任演説を見ると、オバマ大統領も基本的にこの戦略の踏襲を認めたと言える。

もし将来、米国が中東への軍事介入を止めるとすれば、それは冷戦以降の米国戦略の大きな流れの全面的改革を意味する。中東に代わる新たな脅威の説明がつかなければ、軍事費は削減される。軍関係者は当然抵抗する。

アイゼンハワーの警告

一九六一年一月一七日、ドワイト・D・アイゼンハワー大統領は離任を三日後に控え、国民に向かい演説をする。そこで彼は一つの警告を残した。

「われわれは産軍共同体が不当な影響力を持つことに警戒しなければならない。不当な力が拡大する悲劇の危険性は現在存在し、将来も存在し続けるであろう。産軍共同体が自由と民主的動向を危険にさらすようにさせてはならない」(筆者訳)

アイゼンハワー大統領は巨大な力を持った産軍共同体が米国全体の利益に反して戦争に突入する危険を警告した。第二次大戦の軍事的英雄が米国大統領の座を去るにあたり、国民に残した警告である。

今日、産軍共同体はアイゼンハワーの時代よりはるかに巨大となった。さらに具合の悪いことに以前より悪質になった。徴兵制度をなくした米軍は戦闘能力を維持するため、補給部門を大幅に民営化した。かつての産軍共同体には、武器が旧式になった、新しい技術が出たとして、古い兵器体系を捨て、兵器産業を拡充していく道があった。しかし、補給部門を民営化した後の産軍共同体には、戦争が必要となる。イラク戦争の強力な推進者であったチェイニー副大統領（当時）は補給を主体とした企業と深い関係を有していた。こうして、あらたな危険性が出た。

オバマ大統領の課題は産軍共同体の論理とどこまで戦えるかである。筆者にはバイデン副大統領候補の発言は産軍共同体からの警告に見える。したがってオバマ政権の軍事戦略がどうなるかは、産軍共同体が大きな影響を与えてきた過去の政策と切り離せない。オバマは安全保障関係者を従来の軍事エスタブリシュメントで固めた。この中でどこまでオバマが戦えるか。

こうした点を背景に、ソ連崩壊後の米国の戦略がどのように策定されてきたか、時間を追って見てみたい。

ソ連はミハイル・ゴルバチョフ政権の後期、米国側に軍事上米国の敵となることを止めることを伝え、かつ、戦略核兵器の一部を一方的に廃棄するなど、発言を実行に移した。本章冒頭のパウエル、アルバートフの言葉がこの時期の雰囲気を伝えている。

第二次大戦以降冷戦終結まで、米国の戦略、兵器体系などはすべてソ連を敵として構築されている。そのソ連が敵でなくなるとどうなるか。当然いままでの米国軍事戦略が崩壊する。武器も不要となる。これが、アルバートフが「われわれは米国に対して『秘密兵器』を持っている」と発言した意味合いである。

ここで、米国内に最初に生じた論争は、ソ連の新たな動きをどう評価するかである。ソ連の評価をめぐり、当時のブッシュ（父）政権内に路線対立が起こる。ブレント・スコウクロフト安全保障補佐官は、ゴルバチョフの提案を真剣に考慮すべきであるとする。一方で国防長官であったチェイニーは、ソ連は信じられないと主張する。この論争ではチェイニーが当初、勝利する。一九九一年度の国防省年次報告では、われわれは引き続きソ連との競争に備えなければならないとの見解が示されている。

しかし、ソ連をどう見るかをめぐる戦いは政権内の戦いで終わらない。議会・世論との戦いが待っている。国防予算の獲得には議会の承認が必要である。議会は、予算の根拠となる国防上の環境の説明を求める。当然、ソ連の脅威をどう認識するかが争点になる。一九八九年一二月一三日付のニューヨーク・タイムズ紙は、「ロバート・マクナマラ元国防長官は上院予算委員会で、ソ連の脅威が減じたいま、三〇〇〇億ドルの国防予算は半分に減らせる、この資金は経済の再構築に回せると証言した」（筆者要約）と報じた。さらに九〇年五月、サムエル・ナン上院軍事委員会委員長は、国防省の認識には脅威の空白と戦略の空白があると激しく非難した。

ソ連崩壊後の最大の脅威は日本

	大衆	指導者層
日本の経済力	60	63
中国の大国化	40	16
ソ連の軍事力	33	20
欧州の経済力	30	42

米国への死活的脅威（単位は％）

では一九八〇年代末、米国国民はどの国を脅威と見たか。

国民はソ連の脅威を現実のものと感じなくなる。この時期、米国民が最も脅威と感じたのは日本・ドイツの経済力である。

一九八九年八月七日付『ビジネス・ウィーク』誌国際版は、世論調査結果として「この国（米国）に対する将来の脅威はどちらが深刻か」との問いに、日本の経済的脅威は六八％、ソ連の軍事的脅威は二二％と報じた。また、「どの国が米国に最大の脅威を与えているか」というPew研究所の調査でも、九〇年五月のソ連に代わり、九二年二月には日本が最大となっている（日本三一％、ロシア〈ソ連〉一三％、イラク一二％、中国八％、イラン七％）。

一九九一年シカゴ外交評議会が実施した米国世論調査の対外脅威認識は上表の通りである。

当然日本の脅威をどう位置づけるかをめぐり、論争が行われた。当時『中央公論』誌は『フォーリン・アフェアーズ』誌と提携して、主要論文を掲載していたが、ここでもニッツが「日本が自国の利益同様、他国の利益を考慮することができるかどうか疑わしい」（一九九〇年一一月号）、モールが「日独脅威論の再燃を検証する」（九一年一月号）、ゴードンが「日米関係は今後これまで以上の混乱を持ち込みそうだ」（九一年三月号）、オースティンが「九二年ソヴィエトに代わる新たな敵についての論争が行われ、大統領候補たちが反日レトリックを用いたのは、それが選挙民の賛同を得るからだ」（九二年九月号）等の主張を行った。

またスタンズフィールド・ターナー元CIA長官は、「新世界秩序に対する諜報活動」で「冷戦後の情報収集で重要なのは経済分野と第三世界だ」と主張した。日本経済はCIAの標的となる。このことはCIAが日本経済に被害を与える工作を行う可能性を示唆している。

一九九三年に大統領に就任したクリントンも、日本の貿易政策を問題と見なし、自叙伝の中で「当時日本は経済的に米国を上回っていた」と記している。

また、この時期米国経済が困難に直面していたこと、及び日本経済の急迫もあって、多額の国防費の継続にも疑問の声があげられた。ポール・ケネディの『大国の興亡』（草思社、一九九三年）がその代表格である。

「（米国の）成長率の低下と多額の軍事支出のあいだの微妙な関係に注目せざるをえなくなる」「かつての『ナンバー・ワン』諸国が直面した共通のジレンマは、相対的な経済力が低下し、海外からその地位を脅かされたために、より多くの資源を軍事面に投入することを余儀なくされた結果、生産部門への投資が圧迫され、長期的には成長率のいちじるしい低下……によって、防衛面での責任負担能力が低下するというものだったからである」「日本がはるかに小さな割合しか軍事支出に振り向けないとすれば……競争相手国は潜在的に多くの資金を民間投資のために『留保』することになる」

この論理の延長線上には日本が防衛努力、支出を増すことが望ましいとの考えがある。

新たな軍事的脅威の模索

こうしてソ連の崩壊は、米国における日本に対する警戒を高める結果となった。ただし日本の経済的脅威をあまり強調すると、すでにマクナマラの議会証言で見たように、資金を軍事から経済に転用せよ、軍事費を減少させよとの論になる。

一九九〇年代はじめには米国の安全保障をソ連の脅威で構築することは不可能となる。かつ、日本やドイツの脅威を安全保障上の脅威にできない。これは国防省の望む選択ではない。

先にも述べたように、ここで米国は安全保障政策上大きく分けて二つの選択肢を持つ。

一つは、マクナマラが指摘したように、ソ連の脅威は減少した、よって、米国の安全保障に対する脅威も減少したとして、国防費を削減する。そこで浮いた資金を国内の経済部門に回す。いわゆる「平和の配当論」を採用するという選択である。

もう一つは新たな脅威認識をするという選択である。

この両者の選択で、米国は結局、平和の配当論は採用しなかった。当時統合参謀本部議長の地位にあったパウエルは「米国の軍事力―今後の課題」(『フォーリン・アフェアーズ』誌、前掲)で次の考え方を表明した(要約)。

「米国ほどの力を持つ国は他に存在しない。他の国々から力を行使することを期待されるのは米国だけだ。われわれはリーダーシップをとることを義務づけられている。米軍の存在なくして米国がリーダーシップを発揮することは不可能である。一九八九年、世界は激変した。われわれは米軍の優れた能力を損なうことなく、この変化に対応するにはどう再編すべきかを検討し始めた」

パウエルは「米軍の優れた能力を損なわない」方針を示した。しかし、そのためには明確な脅威が必要である。したがって、新たな脅威は何かとの議論になる。

米国は国防省を中心に、いかに米国国防水準を維持できるか、それを実現できる戦略を探し始めた。ソ連の脅威が消滅した今日、軍備を削減し、予算を他分野に回すべしとの声が強い中、批判に耐える戦略が必要である。

一九九〇年八月二日ブッシュ（父）大統領がアスペンで行った演説がその最初である。ブッシュはここで（1）一九九五年までに実戦兵力を二五％削減する（2）地球規模の緊急展開と即応力強化を最優先する（3）抑止力維持のため、軍事技術開発に取り組む、との三点に言及した。こうして、地球規模の緊急展開と即応力強化を最優先するとする項目が将来の軸になる。この流れに沿って、九一年、パウエルら国防省制服組の主導で、基本戦力（the base force）構想がまとめられた。

この基本戦略では、単一的なソ連の脅威は消滅し、多様な脅威の存在に対処する。国家としては、イラン・イラク・北朝鮮等が想定された。これらは大量破壊兵器所有の危険がある国家である。また米国は、同時に二つの地域での大規模作戦展開の能力を保有する。つまり、イラン・イラク・北朝鮮の脅威が最強の軍を維持する拠り所なのである。

米国新戦略の誕生

その後も米国防省は新たな戦略を模索する。一九九二年三月八日付ニューヨーク・タイムズ紙が「米国戦略計画はいかなるライバルも出現しないことを求める」の見出しの下で報じた記事がこの当時の事情に最も詳しい。抜粋した主要点は次の通りである。この思想は今日までの米国戦略の根幹をなしている。

・四六ページからなる秘密指定の書類が現在国防省上層部に回覧中である
・冷戦後の米国の政治的軍事的任務は他の超大国の出現を許さないことにある
・唯一の超大国としての米国の地位を、十分な軍事力で、永久化させる
・この目的達成のため、集団的国際主義は排除する。危機において米国が単独で行動できるようにする
・有志連合はアドホックベースで形成される
・イラク、北朝鮮等での核兵器、他の大量破壊兵器の拡散を防ぐため、軍事使用の計画を考える。これを許すと日独の核保有国化を誘導し、結果として米国との世界規模での競争を招く
・日独の軍事力増強、特に核兵器保有化を阻止する

一時期、米国国防省は議会に対し軍事予算の維持を正当化することに苦労した。議会説得のため、重要な役割をになう脅威認識で国家としてはイラン・イラク・北朝鮮等が指摘され、これら諸国の大量破壊兵器保有の危険性が最大の脅威として位置づけられた。

前述したニューヨーク・タイムズ紙に報じられた軍事戦略が、その後一貫して追求され

ることとなる。

ブッシュ大統領が二〇〇二年の一般教書でイラン・イラク・北朝鮮を悪の枢軸と位置づけたために、米国がこれらの国を深刻にとらえ始めたのは九・一一事件後という印象があるが、実際はそうではない。冷戦後の米国戦略の核心はイラン・イラク・北朝鮮を脅威の源泉と見なすことにある。このことは今日の米国の中東政策を理解するうえで極めて重要である。

イラン・イラク・北朝鮮の脅威が本当の脅威であることを国民に示せなければ、米国軍事費が削減されることになる。一九九二年から九四年にかけて、冷戦後の新政策が確立していく過程で、米国国防当局にとってこれらの国の脅威がいかに深刻かを国民に説明することが課題となった。

一九九二年の大統領選挙でクリントンが勝利し、九三年、レス・アスピン国防長官の下で軍事戦略「ボトムアップレヴュー」が作成される。これが冷戦後発表された最初の体系的な米国戦略となった。

ボトムアップレヴューでは脅威を、(1)大量破壊兵器の拡散(2)地域大国の攻撃あるいは民族・宗教紛争(3)旧ソ連圏の民主化失敗(4)強力な米国経済建設の失敗、としている。また米国が採用すべき政策として、(1)米国の指導体制を維持する(2)同盟体制の強化を図る、とし、そのためには同盟国の貢献を必要とするとした。

さきに見たように、ポール・ケネディの『大国の興亡』の論理からすれば、日独の軍事貢献を増大させ、それに同盟の枠をかけるのは当然の帰着である。

ボトムアップレヴューでは、同盟体制の強化を図ることが盛り込まれているが、ここに一九九〇年代の日米関係が見直されていく源泉がある。

ボトムアップレヴューは、その後米国戦略の中で中心的役割を果たしていく。筆者が取りまとめた主要点は次の通りである。

・重点を東西関係から南北関係に移行する
・イラン・イラク・北朝鮮等の不安定な国が大量破壊兵器を所有することは国際政治上の脅威になる。したがってこれらの諸国が大量破壊兵器を所有するのを防ぎ、さらにこれらの国々が民主化するため、必要に応じて軍事的に介入する
・軍事の優先的使用を志向する
・同盟体制を変容させる（筆者注：この同盟体制をいかに変容させるかについてはボトムアップレヴューで詳しく述べられていない。その後の動きを見ると、米国だけの軍事使用で米国が経済競争力を後退させるのは避ける、同盟諸国の積極参加を求める、などを内容としていると見られる）

・軍事行動の目的は米国が設定する

しかし、クリントンの関心は軍事よりも経済、福祉にあった。クリントンはこれまでの軍事戦略を否定はしなかったが、積極的推進役でもなかった。結果として軍事予算は軽減の方向にいく。この流れに安全保障関係者は、不満をつのらせる。米国はソ連崩壊によって圧倒的軍事優位を形成し、その状況を継続すべきである、しかしクリントン政権は安全保障をないがしろにしているとの不満である。この不満が、第二章で見た「アメリカ新世紀プロジェクト（PNAC）」の立ち上げに繋がっていく。

ボトムアップレヴューを中心とする冷戦後の戦略は、冷戦時の米国戦略と大幅に異なる。冷戦時はソ連核兵器の脅威が存在した。ソ連の核兵器は米国社会を完全に破壊できる。米国が核兵器の分野でいかに相対的優位を保持していようと、ソ連が先制核攻撃をすれば米国は終わりである。ソ連を徹底的に追い詰め、ソ連に核のボタンを押させるわけにはいかない。何らかの妥協が必要である。米国は、ソ連がいかに悪の体制であれ、軍事力でソ連の体制転換は目指さないことを決定し、それを繰り返し、繰り返しソ連側に伝えてきた。

冷戦後はどうなったか。イラン・イラク・北朝鮮がいかに悪の枢軸であれ、米国を破壊する力はない。緊張を高めても米国本土への危険はさほど高くない。むしろ、ある程度の緊張を高めておくことが、米国の国防体制の維持に必要である。かつ、イランの宗教政治、イラク・北朝鮮の独裁体制は好ましい体制ではない。ここから、力ずくで体制転換を迫ろうという考えが出てくる。ここが冷戦中と冷戦後の米国戦略の本質的な違いである。

日本を国際舞台で使う方向へ

冷戦終結後の米国の対日政策は、（1）経済的に日本は最も強い脅威となっており、この脅威とどう対応するか（2）新しい米国戦略の中に日本をどう組み込むか、の二つの課題が存在した。

顕著な動きを示したのは経済面である。日本の抑え込みで最も功績のあったのは、クリントン政権初期のローレンス・サマーズ財務次官である。この当時米国はマクロ分野とミクロ分野の両面で数値目標を掲げ、特にマクロ面においては、日本の経常収支黒字幅をGDP比に一定とする（たとえば二％）誓約を日本から取り付けることにより、税制、予算、財政政策の主導権を握ろうとする動きがあった。

経済・貿易交渉を行っている日本側の関係者にひしひしと伝わってくるのは、日本経済運営のメカニズムを変えるという米国政府の強い意志であった。当時のカーラ・ヒルズ通商代表ら、米国側の交渉担当者は、日本経済の強みは、政界・官界・経済界の共同体とも言えるシステムにあると見なしていた。

逆に日本の脅威を除くには、この政官財共同体の破壊が最も重要視された。そのうち政党の自民党内には、米国との良好な人的関係を作れなければ政治家として大成できないという意識が存在している。米国として対応は難しくない。経済界もビジネスとして交渉できる。唯一国益の概念を持ち出す官僚の存在だけが思うようにいかない。

ここから米国は日本の官僚機構、特に経済官庁の排除に焦点を絞った。その後、日本のマスコミが、大蔵官僚への接待に代表されるような官僚の腐敗摘発キャンペーンを張り、この腐敗は全ての官僚に共有されているとの印象を醸成し、官僚批判は社会の正義となった。

この点をもう少し詳しく見てみよう。一九八〇年代末から九〇年はじめにかけて、日米構造協議や日米包括経済協議が実施されている。ここでは過去の特定の貿易品目をめぐる貿易摩擦ばかりでなく、日本国内の金融、保険などのサービス分野での市場を開放することや、両国の貯蓄・投資パターン、市場・産業構造問題が検討項目であった。大蔵省の管轄案件が最重要となっている。しかし米国は交渉の場で希望する成果を得られなかった。官僚の抵抗が強かったからである。

当時駐日大使を務めていたアマコストは、フランク・ギブニーの『官僚たちの大国―規制撤廃と第三の開国を』（講談社、一九九六年）のまえがきの中で、「政治環境からみて、これまでより規制撤廃がしやすくなっているのに、現実の前進はまことに微々たるものである。……その理由を求めるのは、むずかしくない。（中略）いうまでもなく、最も巧妙かつ執拗な抵抗は、ほかならぬ官僚機構によるものである。日本の経済と政府を牛耳ることを官僚機構に許している規制制度そのものを抜本的に変えようという動機は、官僚側にはほとんどない」と述べている。

このアマコストの発言は実に興味がある。「政治環境からみて、これまでより規制撤廃がしやすくなっている」と述べ、政治レベルの抵抗は少ないとしている。

次いで最大の癌を官僚機構としている。さらに「抜本的に変えようという動機は、官僚側にはほとんどない」として、官僚機構に自助努力の可能性はないとしている。この発想の延長線上には、外部の力によって旧来の官僚組織を潰す構想が出てくる。

その後一九九〇年代後半から日本国内では、実際に官僚叩きが最高潮に達している。いくつかの文献を見てみよう。

まず、吉田和男氏の『官僚崩壊』（日本評論社、一九九七年）に次のような記述がある。

「平成八年（九六年）は大蔵官僚や厚生官僚にとって針のむしろの年であった。前者は住専問題、後者はエイズ問題できびしく批判された。『谷町』とのつきあいからはじまった大蔵省批判はついに大蔵解体に発展する」

アマコストによって最大の癌と見なされた官僚に対する批判は一気に盛り上がった。この当時出版された官僚批判の本の一端を示してみたい。

佐高信・宮本政於『官僚に告ぐ!』(朝日新聞社、一九九六年)、財部誠一『官制破産』(徳間書店、九六年)、生田忠秀『ドキュメント官僚の深層』(ダイヤモンド社、九六年)、竹内直一『官僚帝国を撃つ』(三一書房、九七年)、斎藤栄『官僚が嫌われる理由』(PHP研究所、九七年)。当然、新聞・テレビにおいても激しい官僚攻撃が続いた。

前述の流れを整理してみよう。

(1) 一九九二年、九三年頃、米国は交渉によって日本の経済の構造改革を図る。しかし、この時の最大の交渉相手である大蔵省は米側の要請に真剣に取り組まない

(2) 日本の政策決定に関与する政官財のうち、政界と経済界は協力の姿勢をとった。しかし米国は、官界には協力する意思はないと判断した。この判断には駐日大使を終えた後も、一九九五年ブルッキングス研究所所長に就任する等米国国内で発言力を持っていたアマコストが関与している

（3）一九九六年から日本のマスコミで大々的に官僚叩きが開始される。その主たる標的は米国の要請する金融改革に消極的な大蔵省であった

話を安全保障に戻して考えてみたい。一九八九年八月ジェイムズ・ベーカー国務長官が訪日時、「ブッシュ（父）大統領は、日本は自由主義諸国の重要な一員としてさらに責務分担を負うべきであると考えている」と言及し、さらに日本に対し、地球規模での貢献を期待すると述べ、グローバルパートナーシップ構想を提唱した。日本の積極的貢献を求める動きである。米国大統領と国務長官の間で、安全保障面で日本を積極的関与させることが、八九年の段階で決まっている。この動きは湾岸戦争の前にすでに出ているのである。ただし、この時点ではベーカー自身、グローバルパートナーシップ構想はまだ青写真はないとしている。

前述したように、ブッシュ（父）が米国の新戦略を発表したのは、一九九〇年八月二日である。ただしこのときに発表したのは概略だけで詳細は見えていない。そしてまさに同じ日、イラクのクウェート侵攻が起こっている。したがって湾岸戦争で日本に何を期待するか、当初米国政府に確固たる方針があったわけではない。湾岸戦争では日米間で日本の資金提供、自衛隊の関与の方法等をめぐり様々な交渉が行われた。アマコストの『友か敵

か』（前掲）がこの間の事情を説明している（要約）。

「湾岸戦争は日本が吉田ドクトリンの枠を超えて冷戦後の国際安全保障の新しいルールづくりに参加できるか否かを問われたのである」「日本は国際貢献を財政的貢献に限定すべきでないという外国からの批判は徐々に日本人自身に浸透した」「ポスト冷戦の世界は両国に新しい外交協力の形態を模索するよう迫っている」

このように米国には、日本を、安全保障を含むグローバルパートナーシップの中に入れようとする意欲はあったが、具体的構想が出てこないまま、クリントンの大統領就任にともない、この概念そのものが見えなくなってしまった。

米国が警戒した樋口レポート

米国は一九九三年の「ボトムアップレヴュー」に見られるように、冷戦後の戦略樹立の過程で、同盟国（特に日本）の軍事的貢献を求める方針を出した。

ところが、日本国内では米国との経済摩擦が前面に出るため、米国との関係は良好ではない。一九九三年八月に誕生した細川護熙政権では、米国と距離をおく姿勢を目指した。

細川総理は樋口廣太郎アサヒビール会長を座長とする防衛問題懇談会を立ち上げる。そこでは、日本をグローバルな舞台で動かしたいとする米国の流れとは逆の方向を探る「日本の安全保障と防衛力のあり方」、通称「樋口レポート」が作成される。ただし実際の発表は細川退陣後の九四年八月、村山富市政権下である。米国は樋口レポートに危険な兆候を感ずる。米国が樋口レポートのどこの部分に警戒を高めたのか。

樋口レポート作成の中心的役割を果たしたのが、西広整輝《せいき》元防衛事務次官である。西広氏は冷戦後の安全保障は、いかに敵を減らし味方を増やすかであるとの信念を持ち、多国間枠組みの推進者となる。樋口レポートは、「冷戦が終結し新しい世界が展開しているのに対応し、まず第一に世界的並びに地域的な多角的安全保障体制を促進する。第二に日米安保関係を充実する」と提言した。

この提言は一見、問題がないように見える。しかしこれはこれまで見てきたように、一九九二年以降に構築されてきた米国の新戦略とは矛盾する。前述のように米国の新戦略は、(1)唯一の超大国としての米国の地位を、十分な軍事力で、永久化させる(2)この目的達成のため、集団的国際主義は排除する。危機において米国が単独で行動できるようにする(3)同盟国の日本にはこの体制に協力させる、といったものである。樋口レポートはこの米国の方針とは明らかに異なる。重要な点は、樋口レポートに関与した人々は、米国の新しい流れを十分知らず、しかし、この流れに真っ向から挑戦する動きに出たことである。

米国は当然樋口レポートに危機感を持つ。ここから米国は真剣に対日工作を検討する。防衛局長、防衛事務次官を歴任した秋山昌廣氏の回顧録『日米の戦略対話が始まった』（亜紀書房、二〇〇二年）は樋口レポートをめぐる米国の動きに詳しい。筆者がとりまとめた要旨は次のとおりである。

・マイケル・グリーンらは樋口レポートに驚きをもって接した
・米国は樋口レポート発表後の一九九五年二月、日米関係を含む米国のアジア戦略を「東アジア戦略報告（ＥＡＳＲ）」という形でまとめた
・東アジア戦略報告作成の中心人物はナイ国防次官補である。マイケル・グリーンによれば、ナイはこの東アジア戦略報告と、日本の防衛大綱が整合性のとれたものになることを強く望んだ
・東アジア戦略報告は日本で進められようとしていた防衛大綱の見直しにも少なからぬ影響を与えていくこととなる（筆者注・東アジア戦略報告は九五年二月に作成されているが、それからしばらくして、ワシントンにおいて日米間の防衛協議が実施されている。その後、九五年一一月新防衛大綱が発表されることとなる）
・マイケル・グリーンによれば、ナイは防衛大綱においては日米同盟が日本の安全保

障にとって中心的な柱であることが確認されることを願い、多国間主義云々の議論が前面に出るのを心配していた。グリーンはこの事情を象徴的に次の要旨を述べた。「自分（グリーン）が新防衛大綱にいくつ日米安保という文字が出てくるかを数えたら一一回だった。七六年の大綱では一回のみであった。ナイは非常に喜んだ。一一倍も同盟の重要性が増えたのであるから」

新たな日米安全保障関係の構築

こうした経緯を踏まえつつ、米国の戦略で日本との同盟強化方針が決定され、日本側でこれに呼応する体制が整った。以降日米双方でこの大きな流れに沿い、次のような日米関係強化の動きが継続する。（ ）内は『日米の戦略対話が始まった』における秋山昌廣氏の評価である。

・一九九五年二月　米国国防省「東アジア戦略報告」
（米国の安全保障プレゼンスは東アジア発展のため必要であるとし、日本は冷戦後の地域秩序の形成に欠くことのできないパートナーとして日米同盟関係を極めて重視し、冷戦後の軍備削減を東アジアにおいてはストップさせた）

・一九九五年一一月　新防衛大綱

（新しい防衛大綱の策定作業は冷戦後の日米安保体制の再確認作業と強い関係を有していた。「また、わが国周辺地域における平和と安定を確保し、より安定した安全保障を構築するためにも」が再定義といわれた部分である。クリントン大統領の訪日が延期になったため、再定義は防衛大綱で先行して明確化）

・一九九六年四月　「日米安全保障共同宣言─21世紀に向けての同盟」

（広い意味では冷戦終結以降日米間で議論を始めた日米安保体制の再確認作業がこの宣言で一つの大きなゴールに到達した。米側の強い意見を反映して協議の継続、ガイドライン見直しの開始等個別懸案事項が列挙された）

・一九九六年六月　ガイドライン作成開始

（米軍は運用面での協力を重視、ナイ国防次官補は見直しという具体的方針まで意識していなかった模様。平素からの協力、対日攻撃の際の対応、周辺事態での対応の三本柱が六月の次官級会合で確定）

・一九九七年九月　「新日米防衛協力の指針」（ガイドライン）を日米委員会が承認

・一九九九年五月　周辺事態関連法の成立

一九九五年策定の新防衛大綱は、米国の「東アジア戦略報告」と連動する形で策定されたわけだが、内容的にどんな変化があったか。幾つか注目される点を見てみたい。

第一に、すでに触れたように、一九七六年の大綱では一回のみであった日米安保という言葉が一一回用いられたことに象徴されるとおり、日米安全保障関係の重要性が強調されている。

こうした動きの重要な点は、これらの動きは歴史上の過去の出来事でなく、今日の日米安全保障体制の骨格を形成していることである。すでに第一章で見たように、オバマ政権発足時、真っ先に駐日大使の最有力候補として浮上したのはジョセフ・ナイである。そして秋山氏の説明が明確に示しているように、冷戦終結後の新たな日米安全保障政策の枠組み作りの実質的責任者がナイである。このことは、オバマ政権は日本を含む対東アジア安全保障政策を一九九四年、九五年に構築された枠組みで進める意図を持っていることを意味している。したがって冷戦終結後の時期の米国の動きを検証することはオバマ政権の対日政策を見極めるうえで極めて重要である。

第二に日本の独自色を示す政策は後退した。具体的には、一九七六年の大綱で打ち出された限定的かつ小規模な侵略には独力で対処する能力を保有するという考え方は放棄されている。

第三に日本の周辺への積極的関与の方向が示されている。具体的には「米国との安全保障体制は我が国周辺地域における平和と安定を確保しより安定した安全保障環境を構築するために重要な役割を果たしていく」とされている。「より安定した安全保障環境を構築する」ことは冷戦以降米国がイラン・イラク・北朝鮮に積極的関与をする戦略と整合性がとれている。

第四に「国際緊急援助活動の実施を通じ、国際協力の推進に寄与する」とされている。米国国防省内に、日本を国際的災害援助に出させ、将来の有事への参加の準備をするという考えのあることは、第一章の「日本に平和維持活動を勧める米国の軍事的狙い」の項でジアラ国防省元日本部長の発言を見たとおりである。

こうして、日米安全保障関係は強化の方向に進む。しかし、この時期、日米安全保障面での協力の範囲は依然東アジアが中心である。この時期の動向に対して、マイケル・グリーンは「力のバランス」の中で次のような評価をしている。

「安保共同声明後の数年間に、日米同盟に対する焦点はぼやけ、同イニシアチブは弾みを失った。その理由の一半は、クリントン政権の対日外交政策の場当たり的な性質と、高官レベルでの仕上げの欠如にあった。……日本の国内政治の混乱もまた、合意実行の足元をすくった」(『対立か協調か』前掲)

クリントン政権末期の安全保障政策に対しては、対日政策にとどまらず、保守派の不満は根強かった。それが二〇〇一年にブッシュ政権が誕生し、新たな流れが構築されていくことになる。次の章では、ブッシュ政権の下で日米関係がどう発展したかを見てみたい。

第四章　日本外交の変質

――政治は好きか嫌いか、得か損かだ。理屈は貨車一杯であとからやってくる。（大野伴睦自民党元副総裁、ある国会議員の筆者への解説）

――（高知新聞は警察の）捜査費問題を二〇〇三年七月に報道します。……警察の裏金問題というのは、大変なエネルギーが必要だったようです。……（担当の記者は）書くか、書かないかで究極の選択を迫られていた。警察幹部から「書いたらおまえは敵になる」「尾行する」「携帯電話の履歴を調べる」と言われ、「書かなかったら一生おまえにネタをやる」と言われます。そこで彼は悩む。……書いたら……他社がガサ入れに行っているのに、高知新聞だけが知らないということもあるかもしれない。反対に、書かなかったら……。おそらく本当にネタを一生くれるだろう。彼が迫られたのは、新聞社員として生きるのか、新聞記者なのか、ということだったと思います。（中略）

社員として出世しようと思ったら、会社の嫌がる原稿は、会社の思いを忖度《そんたく》して取り下げるという選択があったかもしれません。捜査費のときにも、社員として出世しようと思えば警察と取引する手もあった。（中略）抜かれないため、組織の中で何とか生き残っていくための仕事をやって、それだけで手いっぱい。（中略）しかし自己保身のために忠実な会社員の道を選んだら、つまり新聞記者を捨ててしまったら、新聞記者になった意味はありません。（依光隆明高知新聞社編集局次長「新聞記者なのか、新聞社員なのか」『朝日総研リポート、二〇〇八年五月』）

（筆者注：「記者」はあらゆる分野での任務に該当する）

日本外交はいつから変質したか

すでに見てきたように、二一世紀の幕開けと共に、日米安全保障関係は、第二次大戦以降最大の変容を遂げつつある。変化の核心を一言で言えば、日米協力の下、自衛隊が世界を舞台に危険の負担を引き受ける方向へ歩んでいるということである。

これを具体的な文書で言えば、「はじめに」で見たように、日米安全保障条約から、二〇〇五年一〇月に締結した「日米同盟：未来のための変革と再編」（以下「日米同盟」）への移行である。

従来の日米安保条約では日本に基地を持つ米軍がどう扱われるかが最大の焦点だった。しかし、「日米同盟」では日本自体がどう動くか、自衛隊が海外でどう活動するかが最大の焦点である。

一九六〇年の日米新安保条約は、日本国内で非常に多くの議論を呼んだ。国内での論議が沸騰し、結局、岸信介内閣は、新安保条約の批准書交換の日の六月二三日、混乱の責任をとる形で総辞職を発表した。それだけ人々は日本の安全保障体制の有り様《よう》に関心を持っていた。その安保条約がいま実質上、死文化しようとしている。大変化が日米安全保障関係に生じている。しかし、これをめぐる論議は日本国内でほとんどない。この静けさは一体何だろう。

日米新安保条約批准のとき、吉田茂元総理（当時衆議院議員）が、依然、大きい発言権を持っていた。自民党の各派閥の長は、吉田元総理の発言で自分の態度を決めようとした。その吉田元総理は当初改定に反対の立場であった。マイケル・シャラーによると、吉田は当初、日本の軍事力を東南アジア（ベトナム）に介入させようとしているのでないかと心配し、条約の改定には反対だった。そのような条項がないことを知り支持することにした、という（『「日米関係」とは何だったのか』前掲）。

下田武三元外務事務次官は「日米基軸を今後の外交の柱に」と主張してきた、誰もが認める親米派の中心人物である。しかしこの彼ですら、米側草案にあった〝太平洋地域におけるいずれかの一方に対する武力攻撃が自国の平和及び安全を危うくするものであることを認め〟の字句のうち、〝太平洋地域〟を〝日本国の施政の下にある領域〟とすることでまとまり、日本は仮に太平洋地域の米軍が攻撃された場合にも集団的自衛権の行使のために出撃しなくてすむことになったと、極東での米国への攻撃に日本が巻き込まれないようにするのに苦心したことを述べている（『戦後日本外交の証言』行政問題研究所、一九八五年）。

今日、日本の安全保障関連の識者の多くが集団的自衛権（集団的自衛権は自国と密接な関係にある外国に対する武力攻撃を、自国が直接攻撃されていないにもかかわらず、実力をもって阻止する権利とされている）は、国内体制を変えてでもこれを認めるべきだとの論陣を張っている。外務省関係者が発言する場合も集団的自衛権支持が圧倒的に多い。

しかし安保条約改定で、太平洋地域での集団的自衛権を排したのは外務省である。しかもその中心は親米派と見なされてきた下田元次官であった。

吉田元総理も下田元外務次官も、日本が米国戦略に巻き込まれたり、自衛隊が米国戦略の下で海外に行く状況に極力反対した。これは今日、日本が米国の要求を出来る限り受け入れようとする動きと逆である。多くの人は今日の外務省の動きを見て、親米一辺倒が外務省での一貫した流れのように受け取っている。しかし、外務省の歴史を見ると、今日の状況はむしろ常態ではない。

以前は、日本国内でどちらかといえば右派に位置づけられた猪木正道元防衛大学校長ですら、「国を守る」（『猪木正道著作集5』力富書房、一九八五年）の中で次のように述べている（要約）。

「日米安保条約のマイナス面は戦争に巻き込まれる恐れのあることです。日米は国益でも重なる部分と一致しない部分があるでしょう。米国は強すぎることもあり、自分の国だけが正しいと考える傾向があります。米軍の行動は必ずしも日本の国益と一致しないし、国民の多数の希望とも合致しないこともありうるということを正しく認識する必要があります」

言論界も日本が米国の戦略に巻き込まれることを警戒していた。今日、日本の主流の政治家、官僚、学者の中で猪木氏の台詞を語る者はほとんどいない。

では、どの時点で変化が起こったのだろう。筆者は外務省の変化は一九九〇年代初期に生じたと見ている。この時期は、米国が冷戦後の新たな戦略を作成する過程で日本との同盟を強化すべきだと判断しはじめた時期と不思議に一致する。この時期から外務省内で自主路線を推進する志向を持つ者は急速に省内基盤を失っていく。

しかし、歴史的に見ると、米国は日本の軍事組織の発足時から海外で使うことを考えていたと見られる。二〇〇八年、防衛研究所は内海倫《ひとし》元防衛事務次官に対するオーラル・ヒストリーを出したが、この中に警察予備隊時代のことについて次のような記述がある。この時期内海氏は警察予備隊警務局教養課長（教育訓練担当）、さらに文中に出てくる後藤田正晴氏は同訓練課長（旧軍の作戦課長に相当）であった（要約）。

「（警察予備隊に対する米軍の組織案を見ると）ただちに野戦に持って行っても使えるようなものでした。

後藤田さんが『内海君、一遍米国の倉庫を見せてもらわにゃいかんな』ということで、倉庫を調べた。たとえば七万五〇〇〇人の隊員に対して七万五〇〇〇の一人用テントがある。防毒用のサックが何万ダースと用意されている。米国の海外に派遣する軍隊が用意するものが、予備隊の装備品として用意されている。

表で米国は決して言わないが、まかり間違ったら朝鮮戦線に持って行くくらいのことは考えてのものかなと、僕らは想像した」

戦後の政治家で自衛隊海外派遣に対して最も慎重な一人が後藤田氏だった。一九九一年四月の湾岸戦争後、機雷除去のため自衛隊掃海艇の派遣が論じられたときには、「機雷除去は交戦国の責任で行うべし」と主張し反対した。後藤田氏は警察予備隊での経験から、誰よりも自衛隊が海外で使われる可能性を熟知していた。

シャラーは前掲『「日米関係」とは何だったのか』で、「アメリカの外交官たちは……一九五四年の吉田の首相退任に一役買っていたのだが、それは吉田が日本の急速な再軍備に反対したからであった」と記述した。

後藤田氏や内海氏が働いた警察予備隊は、一九五〇年から五二年まで存続し、その後保安隊、五四年七月には自衛隊発足と急速に国防組織を整えている。国際的に見れば、五三年七月の朝鮮戦争休戦協定、五四年九月東南アジア集団防衛条約調印、同年一二月米台相互防衛条約締結と、米国のアジアでの安全保障体制整備が進む時期である。日米安保体制も当然この動きと関係し新たな対応を求められる。急速な再軍備化に対する吉田総理の反対は、この動きと合わない。米国学者が「吉田は急速な再軍備化に反対したから、米国側が吉田退陣に一役買った」と評価するのも不思議ではない。

マイケル・グリーンは、戦後の日米安全保障関係の特色を「巻き込まれ」と「見捨てられ」という日本の持つジレンマと位置づけた。一九五九年北ベトナムがラオスに侵入し、日米安保改定の六〇年は次第にインドシナ情勢が厳しくなる時期である。韓国は六四年ベトナム派兵に踏み切った。日本にも派兵の圧力はあったろう。

この時期の日本経済は、ようやく基礎固めが整う時期である。経済の米国依存は極めて高かった。巻き込まれに対する抵抗はコストが高くつく。しかし、この時代の日本の政治家及び外務官僚はこれに抵抗することを是とした。今日、外務官僚はすっかり変わった。

「同盟の非対称性」をどう見るか

日米安全保障関係の中で整理しておく必要があるのは、「同盟の非対称性」である。日本国内に、「米国は日本を守る、しかし日本は米国本土を守らない、これでは不公平だ、これを補うため、日本は他の分野で、できるだけ米国に貢献しなければならない」という論がある。一見もっともらしい。この論は勢いを増し、今日日本の安全保障論議の主流を占めている。しかし、この論は正しくない。

日米安全保障関係の取引は、米国が日本国内に基地を持つ、日本が米国側の陣営につく、日本に攻撃兵器を持たせないこととの引き替えに米国は日本を守る、という取引である。この取引の提唱者は、米国である。米国は現在もこの取引は十分意義があると見ている。

第三章で、冷戦後、新たに米国が戦略を模索した最初が一九九〇年八月のブッシュ（父）大統領演説であり、その最も重要な柱が、「地球規模の緊急展開と即応力強化」であることを見た。

その後の米軍にとり、ますます緊急展開と即応力が重要になっている。米軍の緊急展開の中心の一つが在日米軍である。極東からインド洋までをカバーする第七艦隊旗艦ブルーリッジは、横須賀を母港としている。米国がテロとの戦いを戦略上の最重要課題としている今日、その重要度はますます上がっている。

米軍の戦略遂行には、米軍基地の前方展開が不可欠である。その際、日本の基地は中核的役割を果たす。一九九七年から二〇〇一年にかけて駐日米大使特別補佐官として日米安全保障問題を担当したケント・カルダーは、『米軍再編の政治学』（日本経済新聞出版社、二〇〇八年）で、次のように記述している（要約）。

（1）米国の基地プレゼンスは五つに大別される、そのうち最も重要な役割をになう戦略的価値を保持している主要作戦基地では、ドイツの空軍基地と日本の嘉手納空軍基地が典型である、（これをいったん失い）再建設するとなると法外な費用がかかる

（2）海外の米軍基地の中で将来を考えても深い意味を持つのがドイツと日本の施設である。日本における米軍の施設の価値は米国外では最高である

（3）日本政府は米軍駐留経費の七五％程度を負担してきたが、この率は同盟国中最も高い。ドイツは二十数％である

この記述を見ても、日本の基地が米戦略にいかに重要であるかが明白である。日本の米軍基地は、米国戦略の中で、自衛隊の海外展開よりはるかに重要な意義を持っている。この認識が日米安全保障体制を論ずる時の出発点である。したがって米国側からすれば、自衛隊の新しい貢献がなくとも米国は圧倒的な利益を得ている。取引は十分成立している。経済分野のリカードの比較貿易論を持ち出すまでもなく、取引はお互いに持たないものを融通し合い、互いの富を増す行為である。取引は、対称性を求めるものではない。

米国にとって日本における米軍基地がいかに重要かを認識すれば、「米国は日本を守るが日本は米国を守らない。この非対称性を償うため、日本はできるだけ他の分野において米国に貢献しなければならない」などという負い目を感ずる必要はさらさらない。米国戦略にとり、日本に基地を持つことは極めて優先順位の高い意義を持つ。

日本側にこの認識があるか否かが、今日の日米安保条約のあり方を考える岐路になる。

「日米同盟」で大きく変わる適用範囲

日米安保条約と「日米同盟」との比較については、すでに「はじめに」で概略を記述したが、ここでは、より詳細に検討してみたい。

まず適用範囲について見てみよう。

日米安保条約は第六条で、「日本国の安全に寄与し、並びに極東における国際の平和及び安全の維持に寄与するため」とする極東条項を持つ。あくまで活動の場所は極東である。他方「日米同盟」では、「II役割・任務・能力」において「地域及び世界における共通の戦略目標を達成するため」とされている。舞台を世界に移したのは、まったく新しい動きである。

冷戦以降、米国が日米関係を再評価し、その結果として九六年四月、「日米安全保障共同宣言―21世紀に向けての同盟」が合意された。しかし、このときでも、日米安全保障条約を「アジア太平洋地域の安定、繁栄の基礎」と位置づけている。したがってこの宣言は依然安保条約の枠内にある。ただし、地球的規模での協力について「平和維持活動や人道的な国際救援活動」に言及している。

第一章で「平和維持活動や人道的な国際救援活動は将来自衛隊の活動を海外に展開させるための布石」とするジアラ（元国防省日本部長）の考えが九五年の「東アジア戦略報告」に反映されたのを見た。このときより約一〇年が経過し、日米は世界における共通の戦略目標で動くこととなった。ジアラらの青写真通りの展開である。

国際連合の役割を軽視

次に、世界を舞台にした日米協力が、いかなる理念で実施されるのかを見てみよう。

日米安全保障条約は前文で、「国際連合憲章の目的及び原則に対する信念……を再確認し」としている。さらに第一条において「国際連合の目的と両立しない他のいかなる方法によるものも慎む」「国際連合を強化することに努力する」として国際連合の役割を重視している。

しかし、「日米同盟」には国連の目的、原則への言及はない。なぜか。それは偶然ではない。国連憲章の第一条［目的］の項目には「国際的の紛争又は事態の調整又は解決を平和的手段によって且つ正義及び国際法の原則に従って実現する」「人民の同権及び自決の原則の尊重に基礎をおく」という二点が含まれている。

さらに第二条［原則］において、「すべての加盟国は、その国際紛争を平和的手段によって国際の平和及び安全並びに正義を危うくしないように解決しなければならない」としている。こうした原則、行動指針は冷戦終結以降の米国戦略の流れと異なる。

人民の同権及び自決の原則は、今日の米国戦略の考えにはない。民主化、市場化を目指す国と目指さない国とは、同等ではない。テロを保護する国家は敵である。国際政治の構図は敵と味方に峻別されている。

もちろん、米国が行おうとすることを国連が支持してくれれば、米国にとってありがたい。米国はそのための努力はするだろう。しかし、何をなすべきかは米国が決める。国連が決めるのではない。この流れは国際協調を主張するオバマ政権でも変わらない。

九・一一同時多発テロ事件以降、ブッシュ政権は、冷戦以降構築された戦略を現実の軍事行動として実現させた。したがってブッシュ政権は特異と見なされがちである、しかしそうではない。ブッシュ政権は、一九九一年以降、共和党、民主党双方によって承認された米国戦略を具体的政策として実現させた。新しい戦略を打ち出したのではない。

この認識がオバマの政策を見る上で重要な点である。オバマは選挙戦で確かに変革を主張した。しかし、彼は冷戦以降の米国戦略に、変革をもたらそうとしているか。その兆候を示すものはない。もしオバマが一九九一年から一貫して流れる米国戦略の改定に踏み込めないなら、彼の変革には限界がある。

米国は、冷戦の終結以降、自らが世界のリーダーになり、必要に応じ軍事力を利用しつつ自己の価値観を実現することこそ、世界に貢献するとの認識を持っている。たとえば、二〇〇〇年の大統領選挙時、ブッシュ候補の外交顧問の任にあったコンドリーザ・ライスが「国益に基づく国際主義を模索せよ」(『フォーリン・アフェアーズ』誌、二〇〇〇年一・二月号)という論文を発表している(要約)。

「アメリカが国益を追求することで、自由と平和、市場経済を促進する条件が整備されていく。事実、第二次世界大戦後米国が国益を追求したことで、より繁栄した民主的世界が形成された」「世界の平和と安定を保障できるのは米国だけであり、米国は軍事能力を維持しなければならない」「多国間協定や国際機関支援そのものを目的としてはならない」

ライスは、米国は国益を追求することに専念すればいいと指摘した。改革を主張するオバマもまた、この考え方を基本的に継承している。

こうした米国の動きを背景に、日米共通の戦略は何かを考えてみよう。

第一章で、ブッシュ政権発足時の国防長官ラムズフェルドが、論文の中で「戦争介入に積極的な国の連合を形成すれば大きな優位を手にできるが、戦闘を連合国家の『委員会』の総意で進めるのは間違っている」として、米国が戦争目的を決めていく姿勢を表明したことを見た。このラムズフェルド発言からすると、日米同盟の戦略とは、米国が提唱し、それに日本側が同意するもの以外にない。

「国際的安全保障環境を改善する」の意味するもの

さらに、「日米同盟」では、目的を「地域及び世界における共通の戦略目標を達成するため、国際的な安全保障環境を改善する上での二国間協力は、同盟の重要な要素となった。この目的のため、日本及び米国は、それぞれの能力に基づいて適切な貢献を行う」としている。攻撃されたからとか、攻撃が迫っているから共同で脅威を排除しようというのではない。目的は国際的安全保障環境を改善することにある。両者には大きな差がある。「国際的な安全保障環境を改善する」という文言は、誰にでも受け入れられる雰囲気を持つ表現である。しかし、これを具体的な政策に置き換えると、深刻な意味合いを持つ。

米国は、冷戦後のイラン・イラク・北朝鮮等での核兵器ほかの大量破壊兵器の拡散を防ぐため、この諸国に対する軍事力使用の計画を考えてきた。これは当然「国際的な安全保障環境を改善する」ことである。アフガニスタンにおけるタリバンのようにテロリストをかくまう政権を排除する。これも「国際的な安全保障環境を改善する」ことに入る。

二〇〇三年のイラク攻撃開始直後、米国の圧倒的軍事力に誰もが疑義をはさまなかった時期、ライスは中東の混乱はこの地域に民主化が進んでいないためだとして、サウジアラビア、エジプトを含め、中東の民主化を促進することを表明した。当然軍事力を後ろ盾にしている。これも「国際的な安全保障環境を改善する」一例である。きわめて広範な軍事行動が「国際的な安全保障環境を改善する」ことになる。

その際、軍事力の使用は敵が軍事行動を行ったときに限らない。軍事力の使用には当然先制攻撃も選択肢としてある。先制攻撃については、次の見解を見ていただきたい。

「ブッシュ政権の戦略で最も論議を呼んだのは、『先制攻撃ドクトリン』だろう。二〇〇二年九月、合衆国国家安全保障戦略報告書では『敵は核を持とうとしている。脅威が実現する前に行動をとる』と言っている」「歴史的に先制攻撃はある。しかしこれは実質的に予防戦争だ。先制攻撃は通常切迫した軍事攻撃を打ち砕くための行動と理解されている。対して、予防戦争は、何ヵ月あるいは何年も先に実現しそうな脅威を除去するための軍事作戦である。つまりアメリカは、国家の主権を尊重し既存の政府と協力する必要があるというウェストファリア条約以来の概念を捨て去った」(フランシス・フクヤマ『アメリカの終わ

り』講談社、二〇〇六年より要約）

フランシス・フクヤマが、「アメリカは、国家の主権を尊重し既存の政府と協力する必要があるというウエストファリア条約以来の概念を捨て去った」と述べたことは極めて重要である。これはある意味で西欧社会が築きあげてきた知性の否定でもある。西欧知性の代表的人物カントは、『永遠平和のために』（岩波文庫、一九八五年）の中で次のように述べている。

「いかなる国家も、ほかの国家の体制や統治に、暴力をもって干渉してはならない」

この理念が、国連憲章の「人民の同権及び自決の原則の尊重に基礎をおく」に繋がる。

この思想は国連憲章にとどまらない。第三章でアイゼンハワー大統領の離任の辞を見たが、この中で彼は次のように述べている。

「われわれの世界は恐れや憎悪の共同体ではなく、相互信頼と尊敬の共同体でなければならない。こうした共同体は平等の集まりである。最も弱い者もわれわれと同じ自信をもって会議に臨めるようにしなければならない」（筆者訳）

アイゼンハワーもまた、カント的考え方を継承した人物である。今日の米国はアイゼンハワーの主張からもかけ離れている。

冷戦以降、米国では、人類の幸福や世界の平和に反対する者は断固として排除することが新国際秩序の中核的な思想であると主張された。この考えが米国新戦略の中心となった。

その代表的提唱者の一人がワインバーガー元国防長官である。この系譜の中にブッシュ政権の考え方がある。戦略に対する基本思想はネオコンという狭いグループが打ち出した構想ではない。冷戦後の安全保障関係者の共通の考えである。ブッシュが政権から去ったからとか、ネオコン・グループが霧散したといった事象で変化するものではない。極めて根深い根拠を持っている。

では、オバマ大統領は変革というスローガンの下で、この流れを変えられるか。その際には叡智と既存勢力と戦う意思と力が必要となる。残念ながら、その動きはまだ見えない。

軍事力を重視する米国、法律・協調を重視する欧州、日本は?

ブッシュ政権の政策に多大な影響を与えたネオコン・グループの理論的支柱であるロバート・ケーガンは『ネオコンの論理』(光文社、二〇〇三年)で、次のように述べている(要約)。

「アメリカが冷戦後、外交政策でナショナリズムの色彩を強めているのは、共和党右派の台頭によるというのは単純すぎる。外交政策を担う主流派で圧倒的な影響力を持つ現実派や政治家、政府高官も、狭いナショナリズムの方向にアメリカを戻そうとしている。冷戦後の『常態』は、米国が必要だと考える行動をとる自由を拡大することを意味する」

オバマを含め、二〇〇八年の大統領選挙でケーガンの指摘と異なる主張をした者はいない。今日の米国戦略は、カントの『永遠平和のために』や、その理想を具現化した国連憲章とは異なる。ここが現在の米国の対外政策を見るときの要《かなめ》である。

日本は民主主義、市場主義を原則とする西側の一員である。今日日本国内での論議では、西側の一員イコール米国戦略への同調と見る風潮が強い。しかし、それは必ずしも正確ではない。西側の内部でも、米国と欧州は安全保障をめぐる考え方が異なる。欧州は長年の伝統を踏まえた思考を行う。他方、冷戦以降の米国政権は全て、新しい思想で世界を動かそうとしている。ケーガンの議論をさらに見てみたい。

「ヨーロッパとアメリカが同じ世界観を共有しているという幻想にすがるのは止めるべき時期にきている。軍事力の有効性、道義性、妥当性についての見方がまったく異なる。

ヨーロッパは力の世界を越えて、法律と規則、国際交渉と国際協力という独自の世界へと移行している。カントが描いた理想に向かっている。

アメリカはホッブズが『リバイアサン』で論じた万人に対する万人の戦いの世界、国際法や国際規則があてにならず、安全を保障し自由な秩序を守り拡大するにはいまだに軍事力の維持と行使が不可欠な世界で、力を行使している」(ケーガン、前掲書より要約)

ではは日本の安全保障思想はどうか。戦後は圧倒的に欧州的である。国民の心情は力を越えて、法律と規則、国際交渉と国際協力の世界に移行している。

こうして見てくると、日米が目指すものは異なっている。この中で日米共通の戦略を確立するということはやさしいことではない。ただし、唯一の例外がある。日本が、さしたる考察をすることなく、米国戦略イコール日米共通の戦略とすることである。いま日本はこの方向に動いている。

かつて吉田元総理や下田元外務次官は、日米に利害の異なりがあるのは当然だ、したがってどこかに一線を引かねばならないとして苦労した。日本外交を学んできた筆者は、それが正統の日本外交、霞ケ関外交だったと思う。そしてそれは、「米国の外交官たちが吉田退陣に一役買った」というように、代償を払ってもである。

本章冒頭に引用した、「記者」として生きるか「社員」として生きるかは、すべての組織に共通の問題である。根本は社会が「記者」として生きる姿を評価するか否かである。昔がすべて良いというわけではないが、日本社会において、「記者」を尊重する風潮は明らかに昔の方が強かった。

社員と記者の葛藤は日本特有のものではない。九・一一後の米国にもあてはまる。アル・ゴアは『理性の奪還』(前掲)の中で次のような記述をしている(要約)。

「オサマ・ビン・ラディンとサダム・フセインを混同した大統領と副大統領のとんでもない主張に対する疑問の声はほとんど聞かなかった。

国民全体が厳密な論理的分析をやめた。イラク戦争は報復と何ら関係がなかった。やがて大統領たちに不都合な真実が浮上し始めた。真実は、イラク侵攻の決定に先立ち、彼が国民に与えたイメージとはまったく異なる。戦争の動機となった間違った想定に疑いをかけた者は非愛国的であると非難された。偽造された証拠の明らかな矛盾を指摘した者はテロを支持していると糾弾された。

同じようなパターンは、行政府内部の反対意見を抑える取り組み、公言されたイデオロギー的目標に矛盾しそうな情報の検閲、行政府の全職員に対する服従の要求にも見られた。反対する者は威嚇され、脅迫され、検閲された。ホワイトハウスの主張に強く異を唱えたCIAのアナリストは、職場で圧力を受け昇進と昇給がなくなることを恐れた」

米国では「記者」として生きることが「昇進と昇給がなくなる」対価を求められる時代に入った。そして日本でも同じ現象があちらこちらに出ている。

部隊レベルの日米一体化が進む

従来、日米安全保障関係の面では、数多くの文書、首脳レベルの声明が出た。その多くは意図表明ないし、大枠の設定である。これに対し「日米同盟」は、役割、任務、能力に関して部隊から戦略レベルまで詳細に記述している。

いま自衛隊では、作戦、運用、訓練、教育などほぼすべての分野において部隊レベルで日米一体化に向けて動き出している。各々の分野の動きを積み重ねていくと、日米一体化がいかに進んでいるかに驚くであろう。「日米同盟」は、単なる意思表明ではない。具体的実行の拠点を作った点で、他の合意と顕著に異なる。

この日米一体化の流れはどのように作られてきたのか。前掲の春原剛『同盟変貌』が詳しい。

「〇三年一月、ローレスは米側が『防衛政策見直し協議』……で、米軍再編に対する独自の青写真を日本側に提示している。その概要は第一段階として、日米双方が『共通戦略目標』を設定。次に、日米双方の『役割と任務』を確定する。最終段階として『兵力構成と基地の再編』を検討するというものだった」

リチャード・ローレス国防副次官補が描いた図は、「日米同盟」の文書の構成そのものである。彼の構想は文書の形で結実した。

二〇〇三年一月とは、まさに米国がイラク攻撃の方針を明確に固めた時期である。ローレス国防副次官補は、日米安全保障体制の見直しをすると同時に、米軍がイラク攻撃をする意向も併せて日本側に伝えている。両者の動きには関連がある。

いまの日本ではおそらく、すべての組織で「社員」として生きる論理が優先されているだろう。長期的に見て「記者」こそが実は社を支えていくという認識が希薄となった。

一九九〇年代に官邸で日米経済関係会議に出席した経済官庁の人間が、「そんなことをしても米国は喜ばない」という外務省員の発言を聞いて愕然としたという。われわれは日本の国益を論じているのではないか。どこから、米国が喜ぶか喜ばないかの価値判断が国益の上になったのだと憤りを覚えたと述べていた。しかしこの外務省員は正しかったのかもしれない。いまや彼の発言が日本の王道である。

日本はなぜ「日米共通の戦略」の道を邁進するか

なぜ日米関係が急速に一体化の道を進んだのか考えてみたい。安全保障面で日米の価値観が接近したからか。そうではない。前章で冷戦後の米国の戦略の変化を見た。冷戦終結以降、米国は圧倒的な軍事力の優勢の下、自分たちの価値観を受け入れる者と、これに抵抗する者とを峻別し、両者に対する対応も変えた。

これに対し欧州は異なる価値観を持った。ケーガンは、ヨーロッパは力を越えて、法律と規則、国際交渉と国際協力の世界に移行しているとしている。日本国民の価値観は基本的にヨーロッパ的であった。

日米一体化を進める理由が共通の価値観でないとすれば、何か。それはまさに、本章の冒頭で大野伴睦自民党元副総裁が述べた価値判断「政治は好きか嫌いか、得か損かだ。理屈は貨車一杯であとからやってくる」ではないか。理屈が政策を決めるのではない。得か損かが政策を決める。力の強い者につくのが得、これが日本の政策決定の価値基準になったのではないか。

かつて、外務省には異なる哲学が中枢を占めた。柳谷《やなぎや》謙介元外務事務次官は一九九一年、読売新聞に「外交は国益と国益とが正面から切り結ぶ真剣勝負の修羅場である。……(外務省当局は)各界の有力者、実力者の言動に屈することなく、正しいと信じる主張は、辞表を懐にしてでも貫いて欲しい」(「読売新聞」九一年五月二二日)と寄稿した。それからわずか十数年の間に外務省は大きく変化した。柳谷謙介元次官の発言が九一年に行われているのは実に興味深い。この時期を境に日米関係が変質し、同時に外務省内の空気も大きく変質する。

力の強い者につくのが得との価値観が日本に定着してくれば、米国にとってこんなに工作のしやすい国はない。

冷戦終結後、米国対外政策では、日本の経済力にどう対抗するかが最大の課題だった。一九八五年のハーバード大学でのナイの授業で、筆者が鮮明に覚えている言葉がある。

「戦争はどんなときに起こるか。ナンバーワンがナンバーツーに追い越されそうになるときです」

冷戦終結前後、米国はナンバーツーの日本を追い落とすため、戦争に臨むような気持ちで戦略の構築に臨んだ。これに対し残念ながら日本に危機意識はなかった。

米国はグローバル・スタンダードの採用という形で、彼らの価値観の受容と、日本的な仕組み・価値体系の放棄を求めた。その象徴的存在である官僚機構の崩壊を目指した。

日本には戦略を考えるシンクタンクはほぼ存在しない。学界も政策策定に実質的な関与はしない。各種審議会はあらかじめ設定された路線をきらびやかな肩書きのついた人々に是認してもらう舞台装置である。官僚組織を実質的に崩壊させれば、国家レベルの政策はまず出てこない。

かつて、日米交渉の最先端にいた官僚が次のように述懐した。「われわれが、ある案件で米国と戦っている、今回は自分たちの方に分がある、少なくとも互角だと思っている。するど突然官邸から『君、頑張るのはもう終わりにしてくれ』と後ろから矢が飛んでくる」。多くの政治家は米国の支持なくして総理になれない、政権は続かないと思っている。

日本で、仮に米国の戦略と異なる動きが出れば、それを抑え対抗措置が打ち出される。たとえば安全保障分野では、第三章で見てきたように、一九九四年の「樋口レポート」に即座に対応し、それが新防衛大綱の作成につながった。

対日工作は米国にとり、おそらくそう難しい作業ではない。米国は日本の政治家、ジャーナリスト、官僚、それぞれの分野で自分たちと価値観を共有する者を支援する。彼らに対し、他の者が入手できない米国の情報を与える。米側とは密接な話し合いを行い、交渉の成立を容易にする。すると、その人間の価値は飛躍的に高くなる。さらに特定人物が価値観を共有していないと判断したら、その人物を然るべき場所から外すように工作をする。こうしたことが執拗に実施されてきたと思う。

第五章で、イラク戦争に関してブッシュ政権に不都合な発言をしたジョセフ・ウイルソン元大使に報復手段がとられたことについて触れるが、この報復にはチェイニー副大統領が関与していた。ニューヨーク・タイムズ紙のモーリーン・ダウド記者は、「チェイニーは彼には服従しなければならないという人物だ。チェイニーの暗黒さがブッシュの明るさを支配してしまうだろう」(二〇〇三年一一月一三日、筆者訳)との論評を掲げた。

では、このチェイニーが日本に関心を持つとどうなるか。当然服従を求める。筆者はたまたま、チェイニーが特定人物をある職務から外すように求め、日本側がこれを実行したことを知る機会があった。

しかし、チェイニーの行動は従来の日米関係の中で特異なものではない。長い日米関係史の中では、米国が特定人物を好ましくないと指示し、日本がその指示を実行してきた例は数多くある。その一端を小池百合子議員が『正論』二〇〇二年七月号で書いている（第八章に一部引用）。

それによると、一九九四年二月に訪米中の細川総理が米国側から武村正義官房長官を外すよう求められ、細川総理は、結局、この指示を実行したという。官房長官と言えば政府の中心中の中枢である。米国と距離を保っていると見られた細川総理ですら、米国の意向に従って武村官房長官を切った。これを契機に細川政権は瓦解していく。

一つ問題がある。米国の誰が武村官房長官を外せと言ったのか。クリントン大統領（当時）か。彼は安全保障問題に関心がない。当時細川総理訪米に同行したある人は、総理訪米中そんな話が出たとはまったく知らなかったと述懐している。ただ、この人は、総理訪米中、エズラ・ボーゲル（日本専門家、当時ハーバード大学教授）がやけに前面に出てくるので驚いたと述べている。ボーゲルは一九九三年九月より国家情報会議のアジア担当の任にあった。仮にこのレベルの助言であれば、この助言を実行せねばならなかったのか疑問が残る。

自民党の中に、米国に嫌われたら総理になれないという認識が定着しているのも、自民党議員がこうした米国工作の断片を共有しているからであろう。米国が特定の人物を望ましくないと言ったら、それを聞かされた日本人はどう反応するだろう。多分語りかけられた人物は排除に動く。さもなくば自分が排除される番になる。武村官房長官を切らなければ、細川総理が切られる番になる。排除に協力したことで、短期間は協力者としてポイントを上げる。本章冒頭の高知新聞と高知警察の関係がここでも現れる。

結局、二〇〇三年一月にローレス国防副次官補が提言した新しい日米安全保障に関する内容は、一時期日本側の一部官僚の抵抗に遭うが、〇五年一〇月に、「日米同盟：未来のための変革と再編」として結実する。

本書では第一章から陰謀の役割を見てきた。冷戦終結以降、米国は明確に日本をある方向に持って行きたいという謀《はかりごと》はあった。しかし日本側にこの謀を理解した人はあまりに少なかった。仮に理解していても、謀に乗ることに利益を見出した。日本側からは、『孫子』の「故に、上兵は謀を伐《う》つ」の上兵はほとんどいない。少なくとも今日はいない。

日米関係を変える中国という要因

「日米同盟」により、日本は安全保障面で世界を舞台に米国と共通の戦略で動くことに同意した。それは今後どう発展するのか。

先にも述べたように、日本が米国と共通の戦略で動くことを決定したのは、日本側から見ると、現在米国が進める国際戦略が素晴らしいものだと確信して踏み切った結果ではない。損得を計算し、得だと判断したからである。

この判断が問われるのは、日本が共通の戦略で派遣した自衛隊員に死者が出たときであろう。このとき世論は、われわれは死者を出すまでして協力するつもりはないと思うか、これも損得計算のうちと判断するのか。日本が自衛隊派遣の決断を迫られるアフガニスタンでは、西側各国軍の死者数は二〇〇九年一月の時点で米国五七四名、英国一四一名、カナダ一〇七名、ドイツ三〇名、スペイン二五名、フランス二五名となっている。イラク戦争では米国軍人の死亡が圧倒的に多かったが、アフガニスタン戦争では同盟国軍人の死者数の割合が高くなっている。

しかし、中長期的には中国要因が日米同盟の再考を根本的に迫るだろう。

日本は二〇〇六年より、対中貿易量が対米貿易量を上回っている。この傾向は強化されるだろう。日本の輸出量を見ると、米国の比率が中国よりわずかばかり高い。たとえば二〇〇八年四月の貿易統計速報による輸出は、トータル六兆九〇〇〇億円のうち、中国が一兆一〇〇〇億、米国が一兆二二〇〇億、EUが一兆二〇〇億となっている。多分、今後輸出も対中国の方が多くなるだろう。経済界が損得の観点で、日中関係が日米関係より大事という日はすぐそこに来ている。すぐそこではなく、現実にすでに存在している。ある経済界の重鎮は「わが社の将来は中国です」と断言した。

中国要因が日米関係を変えるという視点は米国についてもあてはまる。

マイケル・グリーンは前掲論文「力のバランス」の中で、日米同盟に次の三つの破壊的シナリオがあるとしている。

（1）日本経済の深刻な混乱と中国の動向（中国のGDPが日本を追い越したりすれば、ワシントンにとって日米同盟の重要度が劇的に低下することは、考えられないことではない）（2）台湾海峡からの米国の撤退（3）疲労や経済的後退による米国の引きこもり。

このうち最も可能性の高いのは中国関連である。日米双方が中国要因で日米安全保障体制を弱体化させる要因がある。しかしこの問題は昔から指摘されてきた。たとえば猪木正道元防衛大学校長は前掲の「国を守る」の中で次のような記述をしている（要約）。

「日米安保条約があるから大丈夫だという考え方には、非常に問題があります」「米中関係の緊張緩和に伴い、日米安保条約に対するアメリカの熱意が低下してくるという点も忘れてはなりません。アメリカはいつまでも日米安保条約に執着するだろうとあてにすると、先方からあっさり廃棄通告をしてくる可能性もありましょう」

猪木元防衛大学校長の予言は現実味を帯びてきた。

米中貿易が日米貿易量を抜いたのは二〇〇三年である。かつ年々その差は急速に増大している。元駐日米大使特別補佐官ケント・カルダーが二〇〇八年、日本の財界に講演したときにこの事実を紹介した。「米中貿易が日米貿易量を抜いたのは二〇〇三年である。かつ年々その差は増大している」という事実はワシントンでの常識と見てよい。そのとき米国が中国を重視するか日本を重視するか、答えは自明であろう。

グリーンは「中国のGDPが日本を追い越したりすれば、ワシントンにとって日米同盟の重要度が劇的に低下することは、考えられないことではない」と警告した。この条件はいまや完全に満たしている。グリーンの警告は現実になりつつある。

中国が経済大国化していることは米国民にとって基本的認識と言っていい。その際には中国をもっと取り込むべきだとの意見が強くなる。

第一章で見たようにブッシュ政権の国務長官ライスは、「アメリカ国益を再考する」の中で、「アメリカは過去八年間中国の影響力の増大に直面した」「中国の台頭がアジアの将来を左右すると見られている」として米国外交の最重要項目とし、中国の取り込みを重視している。他方、日本については、「豪州、東南アジア諸国、日本との間で同盟関係を築いている」としているのみである。

伝統的に日本重視といわれる共和党の国務長官ですら、態度を変化させた。オバマ大統領の下ではこの懸念はますます高まる。オバマと同じ民主党大統領であったクリントンは、日本より中国を重視する政策をとっていた。オバマ政権の外交・安全保障関係者にはクリントン大統領下で働いた人々の参加が多い。オバマ政権での中国コネクションは日本コネクションよりはるかに強力になる。

もちろん日米の経済的結びつきはいまでも極めて強い。在日米軍基地を考えれば、安全保障面でも日本は米国にとり最も重要な国の一つである。日米関係の深さは豪州、東南アジア諸国の比ではない。ジェームズ・ケリー在日米海軍司令官はこの点を十分理解し、米国内で説得に努力している。しかし、ライスが豪州、東南アジア諸国、日本と記述したように、米側全体としての日本の重要性についての認識は希薄になってきた。

現在の日米関係の危うさは、繰り返すが、日本側では安全保障面で、「なぜ同盟が必要か」をさして論ずることもなく、損か得かで決めていることにある。なぜ安全保障面で協力することが日米双方のプラスになるかを双方で真剣に議論しておかないと、日米安全保障関係は一気に崩れる危険性がある。

日米関係に関する筆者の結論は下記の通りである。

(1) 現在、日米関係は、世界を舞台に国際的安全保障環境を改善することを目的に日米共通の戦略で対応することを目指している。しかし、この動きは無理がある。米国は軍事力で国際的環境を変えることを志向しているが、この考えは、伝統的な西側理念に反している。かつオバマ大統領が最も重視するアフガニスタンでのテロとの戦いは、誰がアフガニスタンを統治するかという土着性の強い問題であり、この政策は成功しない

(2) 米国は自己の戦略上日本の基地を重視し、その見返りとして日本の安全を守るという戦略的取引を提示し今日まで至っているが、この取引は依然米国にとり有利なものである。この取引を中心に日米関係を築けば双方に多大の利益がある。その際、日本側は負い目を感ずる必要はない

(3) 極東地域においては日米の安全保障の利害は一致するケースが多く、この協調関係は維持する。しかし(1)に見た通り、世界規模では日米の考えは必ずしも一致しない。後者を強引に追求することは、極東での協力関係にひびが入る危険性がある

現在の日米関係の流れで筆者が最も違和感を感ずるのは、米国の中東政策である。次章以降でなぜ筆者が違和感を感ずるのか、したがってなぜ日米間のこの分野での協力に消極的であるかを見ていきたい。

第五章　イラク戦争はなぜ継続されたか

――バグダードのグリーンゾーンの売店を探すと、サブウェイだけでなく、バーガーキングやピザハットが見つかる。……そのグリーンゾーンが、フセイン政権時代、サッダーム・フセインが「宮殿」とした建物を中心とした支配の中核地点であった……。かつては独裁体制の象徴として民を寄せ付けなかった地区……（中略）。

交戦中「イラク人の心と気持ちを摑む」ことを求めたはずの外国軍は、イラク人の日常生活から切り離され、カバーブやマスグーフも知らずに、バケットのサンドウィッチとハンバーガーを頰張りながら……暮らす。（酒井啓子『イラクは食べる』岩波書店、二〇〇八年）

人的・経済的に莫大な犠牲を強いるイラク戦争

この章は単にイラク戦争が何だったかを解明することが目的ではない。すでに、「はじめに」や第四章で見たように、日本は世界的規模で国際的安全保障環境の〝改善〟のため、米国と共通の戦略で行動することに合意している。イラク戦争のごとき事態は、将来の自衛隊の活動のシミュレーションになる可能性が高い。したがって、イラク戦争の検討は、将来予測される自衛隊の活動の問題点を見ることにもつながる。

オバマ大統領は大統領就任演説で「責任ある形で、イラクをイラク国民に委ねる」と言明した。ではこの「責任ある形」は何を意味するか。就任演説では具体的な説明はなかったが、オバマは大統領選挙中、自分のウェブ・サイトに次の内容を掲げてきた。

・就任後、国防長官にイラク戦争を終える課題を与える
・撤退は責任あるもので、現地の司令官に指揮され、段階的に行われる必要がある
・軍事専門家は毎月一～二旅団を撤退させ一六ヵ月で完了できると見ている
・反テロ活動及び米国民の維持のため残留軍はイラクに留まる
・残留軍はイラク治安部隊の訓練、支援を行う

多くの人は最初の三つの報道には馴染《なじ》みがあるが、オバマが「反テロ活動及び米国民の維持のため残留軍はイラクに留まる」「残留軍はイラク治安部隊の訓練、支援を行う」と述べていることには気付いていない。オバマの構想は、イラクからの完全撤退ではない。この点、和平合意後六〇日で完全撤兵したベトナム戦争とは異なる。イラク戦争が終結を迎えるにはまだまだ紆余《うよ》曲折がある。

しかし、米軍の主力がイラクから撤退を開始し、アフガニスタンに移動することは間違いない。よってここでは、イラク戦争で何が問題だったか、そしてそれが今後どう影響するかを中心に考えてみたい。

米国は、二〇〇三年三月に始めたイラク戦争で泥沼に入った。米国兵の死者数は二〇〇九年二月、四二四五名を記録した。被害はそれだけではない。この時点で四万五〇〇〇名の負傷者を出している。また帰国した兵士中、約二〇%が戦場でのストレス等で精神障害を起こしていると言われている。

イラク戦争の経済的負担に関しては、二〇〇八年二月二三日タイムズ紙が「米国はイラクにすでに五〇〇〇億ドルを投入した。さらに、毎月一二〇億ドルの支出を要する。こうした直接の出費に加え、米兵死者に対する補償などの間接的経費を計算すると三兆ドルになるとの試算がある。他方、開戦当時ラムズフェルド国防長官は五〇〇〜六〇〇億ドル、ローレンス・リンゼー大統領経済顧問は二〇〇〇億ドルを予測したが、これらの数字を大幅に上回っている」(筆者訳)と報じた。

この毎月一二〇億ドル、合計三兆ドルはとてつもなく巨額である。一九九一年の湾岸戦争の際、日本は一三〇億ドルの資金協力をした。クウェートは戦後、米紙に感謝広告を掲載したが、日本は感謝の対象にならなかった。これを境に日本では、資金だけでなく、人的貢献も必要との議論が発生した。これがその後の自衛隊の海外派遣を行う論理として使われた。こうした議論を呼んだ背景には、日本は世界最大の資金協力をした、それにもかかわらず評価されなかったという認識がある。

しかしいま、イラク戦争において、米国は、日本がかつて極めて多額に払わされたと思った額を毎月負担し、これを五年以上続けている。

この数字がいかに米国経済に負担であるかを次の数字で見てみたい。

二〇〇八年八月二六日付日本経済新聞は、「米次期大統領の憂うつ　財政赤字1兆ドル時代に?」の標題の下、「オバマ大統領は一兆ドルの財政赤字をつくった男というレッテルを張られる――。米運用大手ピムコのビル・グロス氏は……二〇一一年に米国の財政赤字は初めて一兆ドルを超えるとの予測をまとめた。民間国内総投資は〇六年のピークから年二千億ドル減少、国内消費支出も安定成長を保つのに必要な水準を年三千億ドル下回る見込み」と報じた。米国経済の落ち込みで問題視される数字の額は、不思議とイラク戦争出費額と重なる。

二〇〇九年一月一三日、米国経済の急激な悪化をうけて、オバマは七五〇億ドルの経済刺激策を発表したが、これとて、イラク戦争での米国の出費の半年分である。米国経済がこれだけ疲弊している今日、イラク戦争への出費を止め、この額を国内経済に回せば、米国経済はまったく違った展開になる。

こうした犠牲で米国が大きなプラスを得たなら、まだ救いがある。しかし、ほとんど何もない。米国国民はイラク戦争が戦う価値があったかの問に、三四％が支持し、価値なしと答えた者は六四％にのぼる（二〇〇八年四月、ＡＢＣ調査）。

加えてイラク戦争を挟んで、世界各地で米国に対する好感度が急落した。各国別に米国を好ましいと見なす割合（％）を、イラク戦争前の二〇〇〇年と〇七年についてWorld Public Opinion Org.の数字で比較すると、カナダ（七一→五五）、ブラジル（五六→四四）、英国（八三→五一）、フランス（六二→三九）、ドイツ（七八→三〇）、トルコ（五二→九）、インドネシア（七五→二九）と、激しく落ち込んだ。第二次大戦以降、世界の世論の多くが米国を最も素晴らしい国と尊敬した。それがブッシュ政権で一気に瓦解した。

さらに、米国と異なった立場の追求がむしろ正義、という考えが同盟国の中にすら出てきたことは深刻だ。日本ではほとんど報じられていないが、ジャン・クレティエン・カナダ元首相が二〇〇七年に出版した“My Years as Prime Minister（首相としての年月）”の中にある次の台詞は重い。ちなみにこの台詞は筆者が防衛大で修士論文を指導している尾上洋介二等空尉から教えてもらったものだ。

「カナダがイラク戦争への不参加を決めたことはわれわれの歴史の中で最も重要なときとなろう。この決定は、われわれカナダが独立した、かつ、誇り高き国であることを、われわれ自身に、そして世界に示すものである。

二〇〇二年九月、私はデトロイトでブッシュ大統領に対して、米国が国連決議を行わず、イラクでの大量破壊兵器の存在を真に示せない限り、カナダは参戦しないと、明確に述べた。われわれが直面する危険や不安定性がいかに大きくとも、われわれカナダ人は多国間の協力機関を通じて平和を守るというわれわれの価値観をしっかり守っていることを知った。このことに私は心から満足している」（筆者訳）

こうして米国はイラク戦争で泥沼に入ったが、なぜこの戦争に踏み切ったかを見てみたい。

イラク戦争開始の理由①——大量破壊兵器

ブッシュ大統領は二〇〇三年一月二八日の一般教書演説で次のように述べた。

「国連は一九九九年、フセインが数百万人を殺害できるのに十分な生物兵器を保有していたとの結論を下した。米国の情報当局は、フセインが五〇〇トン相当のサリン、マスタード（ガス）、VX神経ガスを製造できるだけの材料を保有していたと推定している。国際原子力機関（IAEA）は九〇年代、フセインが高度な核兵器開発計画や核兵器の設計図を持っており、また核爆弾用に五種類のウラン濃縮方法に取り組んでいたことを確認している。フセインがそれらの兵器を使用する唯一の目的は、支配し、脅し、攻撃するためである。フセインが完全に武装解除しなければ、われわれは、米国民の安全と世界の平和を守るため、連合を率いフセインを武装解除する」

米国国民はブッシュ大統領の発言を信じた。結果としてゴアが前掲『理性の奪還』で記述する現象が起こった。

「国民の四分の三近い人々がテロの首謀者がサダム・フセインだと簡単に信じてしまった。さらに国民の四〇%がイラクには核兵器が実際にあったと信じてしまった」

筆者が一九八六年から八九年、在イラク大使館に勤務していた頃、フセインは不特定多数の人の集まる集会に決して出なかった。暗殺を恐れてのことである。フセインはアルカイダのように、武装しているが彼に対し絶対的な忠誠を誓わないグループを最も警戒していた。イラクに政治的関心を持つ人なら、フセインとアルカイダの関係に疑問を持つ。

結局、米国の公的機関が大量破壊兵器の存在を否定した。二〇〇四年一〇月、イラクの大量破壊兵器を捜索していた米政府調査団のチャールズ・ドルファー団長（CIA特別顧問）は、イラクにおいて湾岸戦争以降、大量破壊兵器はほとんど廃棄された、脅威は存在しなかったとの最終報告書を発表した。また九・一一調査特別委員会は、イラク戦争に入るもう一つの理由、サダム・フセインとアルカイダとの結びつきを否定した。

問題は後知恵でなく、イラク戦争開始前に、イラクは大量破壊兵器を有していないということがどの程度わかりえたかである。

先にカナダ首相が二〇〇二年九月の段階で、イラクでの大量破壊兵器の存在に疑念を持ち、イラクでの大量破壊兵器の存在を真に示せない限り、カナダは参戦しないと述べたことを見た。

二〇〇五年五月一日付英サンデータイムズ紙は、〇二年の段階で英国が、ブッシュ大統領がイラク攻撃を決断しており、かつ大量破壊兵器がこの政策を正当化するための口実に使われると認識していたことを示す文書を報道した。「首相との会議出席者へ」から始まるメモは次のような記述をしている。

「二〇〇二年七月二三日、あなた方は首相と会談しました。このとき情報機関の長はワシントン訪問の結果を報告しました。

この中で情報機関の長は『ワシントンでは明確な変化が発生している。イラクに対する軍事行動はもはや避けられないと見られている。ブッシュ大統領はサダム・フセインを排除せんとしている。その際、テロリズムと大量破壊兵器問題で行動が正当化されよう。しかし、情報と事実は、政策を正当化するために設定される』と報告しました」(筆者訳)

「情報と事実は、政策を正当化するために設定される」という表現は凄い表現である。英国の情報機関の長は、「これから米国政府はこれが事実、これが情報と言ってくるが、それはサダム・フセインを攻撃する口実を作るためですよ」と言っている。

イラクにおける大量破壊兵器の保有については、米国の中でも疑念を持つ声があった。国連監視検証査察委員であったスコット・リターは著書"War on Iraq"(Profile Books Ltd, 2002)で「一九九八年以降イラクは大量破壊兵器の九〇~九五%を破壊した。これらの中には化学、生物、核兵器製造工場、ミサイル等が含まれる」(筆者訳)と記述している。

二〇〇〇年、国連監視検証査察委員長に就任し、イラクの大量破壊兵器の査察を指揮したハンス・ブリクスは『イラク大量破壊兵器査察の真実』(DHC、二〇〇四年)の中で次のように記している(要約)。

「私の推測では二〇〇二年夏、ブッシュ政権は先制攻撃を用意することを決定した。ブッシュ政権はフセインを悪の権化と見た。大統領はテロに対する戦争を宣言した以上、次期大統領選よりかなり早い時点でこの明白な脅威を取り除いておかなければならない。チェイニー副大統領は〇二年八月『(国連の)査察は、よくて、無駄な程度』と言っている」

米国内での大量破壊兵器をめぐる論争は政治スキャンダルに発展した。

ジョゼフ・ウイルソン元ガボン大使は二〇〇三年七月六日付ニューヨーク・タイムズ紙に「ブッシュ政権はイラク侵攻を正当化するためにサダム・フセインの大量破壊兵器についての情報を操作したか? 戦争前の数ヵ月間にわたる私の政権との関わりの経験に基づけば、イラクの核兵器に関する情報はイラクの脅威を誇張するため歪められたと言わざるを得ない」(筆者訳)で始まる論評を掲載した。

これに対して米国政府は、ウイルソン夫人に対する報復措置をとった。ウイルソン夫人はCIA工作員であったが、この事実を新聞記者にリークさせた。身元が暴露されたことで夫人は今後工作活動に従事できなくなる。ウイルソンがこの動きに戦う姿勢を見せ、ルイス・リビー副大統領首席補佐官、リチャード・アーミテージ国務副長官の関与が明らかになり、リビーは有罪判決を受けた。

ちなみにウイルソンはイラン・イラク戦争時イラクに勤務し、湾岸戦争のときには臨時代理大使を務めた。筆者とは在イラク西側大使館次席会議でイラク情勢の意見交換を行った仲である。

ここで重要なことは、イラク戦争開戦前に大量破壊兵器の存在やイラクとアルカイダとの結びつきの客観的評価をしようとすれば、ブッシュ大統領の主張に疑念を持ちうる材料は十分存在していたことである。しかし米国のメディアや政治家はその方向に動かなかった。

イラク戦争開始の理由②――石油と国内政治要因

オバマ大統領は中東問題に関与していくことを鮮明にしている。したがって、なぜ米国が中東にかくも深く関与していくかを見極めておく必要がある。その際、重要なのは石油関連の位置づけである。

イラク戦争開始の理由として、石油企業との関連がしばしば言及された。確かにイラク石油は極めて重要な意義を持つ。確認されている石油埋蔵量は世界第二位である。さらに莫大な未確認埋蔵量を持つと推定されている。昔から「石油一滴は血の一滴」と言われている。米国はイラク石油の確保のために戦争を行ったとする説も十分ありそうな論拠である。マイケル・ムーア監督の映画『華氏９１１』はこの説に沿ってつくられている。イラク戦争開始の要因が不透明なだけに、石油確保がイラク戦争開始の真の理由だと主張する国際政治通は多い。石油が要因だとなると「そうか。やっぱり大企業は悪い」で終わってしまう。

しかし、事実を詳細に見ていくと、石油要因はさして強くない。

第一にブッシュ政権は発足直後エネルギー政策を発表したが、その主目的の一つはエネルギー分野で中東依存を低めることにあった。イラク石油の利権を確保するために戦争するのはこの方針と矛盾する。エネルギー分野で中東依存を低めることはオバマ大統領の方針でもある。したがって、オバマ政権でも石油利権の確保のために、米国が中東で軍事行動を起こすということはない。

第二にこの時期、石油企業は海外での石油鉱区を確保するために米国政府の支援を求める動きはほとんど見せていない。筆者が二〇〇一年、英国オックスフォードで米国石油ガス協会の専務理事クラスの人間と会談したとき、彼は米国石油ガス協会のブッシュ新政権に対する要望は、米国国内及び近隣国での石油ガス開発規制の緩和である、国外石油利権の確保に対する支援要請の重要度は低く、要望リストの一〇番目くらいにすぎないと述べていた。石油大手企業はイラク鉱区獲得に向けてのロビー活動はほとんどしていない。この状況はオバマ政権の今日でも継続している。

第三にこの時期の石油企業の政治献金は他産業に較べ多くない。政権と業界の癒着は通常政治献金という形で現れる。Open Secret Org. の業界別献金を見ると、石油・ガス業界の献金は二〇〇〇年一〇位、〇二年一三位、〇四年一六位である。かつ献金額は二〇〇〇年を一〇〇とすると〇二年は七四、〇四年は七六と下がっている。もしイラク戦争開始の理由が石油関連であれば、莫大な献金がなされるはずだ。石油企業のオバマ大統領への献金もさして大きい比率を占めていない。

第四に、メジャー石油企業は、イラクへの石油投資に慎重であった。近年の石油開発では産油国の取り分が大きく、メジャーの利益は一定に抑えられている。生産が途絶えれば赤字の可能性がある。巨額の投資をするメジャーは何よりも政治の安定を求める。一部メジャーはイラク戦争開始に消極的であった。エクソン・モービル社会長リー・レイモンドは二〇〇五年六月、イラク情勢は不安定で投資はできないと述べている。

第五に、二〇〇五年イラクは憲法を採択したが、憲法第一〇八条で石油はイラク人民の所有するものとされた。〇七年二月閣議で承認された石油・ガス法ではPS（生産分与）契約は導入せず、契約は、サービス契約、開発生産契約、探鉱リスク契約等となっている。今後、生産分与契約も出てくるであろうが、石油会社に圧倒的に有利な契約はできないだろう。

もし、イラク戦争が石油利権を確保するためであれば、イラクの憲法、法律を国際石油会社に有利な条文にしたはずである。新憲法や石油・ガス法に明記された程度であれば、国際石油会社に有利な点は何もない。かつその後イラクが石油開発を行った相手は米国が独占しているわけではない。二〇〇八年八月の初めての外資導入による本格的な油田開発の交渉相手は中国石油天然気集団であった。米国が安全保障上の観点からイラクの石油利権の独占を図るなら、石油利権確保に走る中国を真っ先に排除しなければならない。

第六にイラン・イラク戦争で米国はイラクを支援したように、サダム・フセインはもともと米国との関係を重視している。利権をとるだけなら、何も政権交代をさせる必要がない。イラク戦争開始の理由になった、市民に対する化学兵器の使用はイラン・イラク戦争のときにイラクがクルド人掃討作戦の中で行ったものである。このときは、在イラク米国大使館員は化学兵器の使用が疑われた地域に行き、その地の土壌を持ち帰り、検査のため、米国政府に送っている。この時期、米国はイラクが化学兵器を使用したことを知りつつ、イラク支援を行った。

今日の米国中東政策では石油要因がさして大きい役割を演じていないことを認識することは、なぜ米国が中東で軍事行動をとるかを認識するうえできわめて重要である。

米軍はなぜイラク支配に失敗したか

二〇〇三年に米国軍がバグダッドに侵攻し、サダム・フセインを排除したときにはイラク国民は熱狂的に歓迎した。しかし、イラク人を対象とする世論調査（PDA）の「イラク人は何を欲しているか」を見ると、約一年後の〇四年二月の段階で五六％のイラク人が連合軍のイラク駐留に反対し、〇四年五月には八七％が連合軍に信頼を持たず、九二％が連合軍を解放者ではなく、征服者と見なしている。この状況はその後も継続し、World Public Opinion Org.は〇八年八月、イラク国内の世論調査の結果として、米軍を攻撃することが正当化できる者は国民全体の四七％（シーア派四一％、スンニー派八八％、クルド人一六％）と発表した。

筆者は国際社会で悪と称される国に勤務したが、同じ悪でもソ連、イラン、イラクはそれぞれ異なる。ソ連は最後に米国に崩されるが、正面からわたりあう国だった。イランは奸計《かんけい》、謀略で生きる国である。イラクは常に抜き身でいつでも斬りかかってくる国との印象を持つ。

筆者がイラクで勤務していた頃、大使館に民間企業からの出向者がいた。娯楽のない中、彼は新婚の夫人のためにバグダッド市内をドライブした。ライトアップされた銅像の前で夫人が車の中で写真のフラッシュをたいた。途端に弾丸が飛んできた。弾丸は幸い助手席のドアの補強棒にあたり、反転して外に出た。もし反転しなければ、夫人に命中していた。イラクでは常に弾丸が飛んでくる緊張感があった。このようにイラク人の気性は極めて激しい。

イラクの歴史は略奪の歴史である。砂漠の中をチグリス・ユーフラテスの大河が流れている。農業が発達する。そのことは大小の略奪集団が押し寄せることを意味する。もし、自分の居場所を追い払われて、水のある場所を新たに確保しようとすればすでに居着いている住民と戦わざるを得ない。多分確保できずに砂漠で死ぬしかない。したがっていまいる場所は命がけで確保する。

サダム・フセインの出身地で米軍に最も激しく抵抗したティクリット市は、まさにチグリス川西岸に位置し、何千年にもわたって攻防が繰り広げられてきた地である。簡単に外国の支配に服する土地ではない。こうした中、米国軍であれ誰であれ、外部勢力は決して歓迎されない。

筆者はイラクにおける米国軍の動きを映像で見て、これはもう駄目だと思った光景がある。イラクでは親戚以外、いかに親密でも家の中の家族区域に客の男を入れない。ここは家族にとっての最後の砦《とりで》である。皆それを知って行動する。しかし、映像は銃をつきつけ、家族区域に土足で入る米国兵を映していた。安全保障の見地から正当化できても、イラク人との関係では険悪化すること間違いなしの行動である。

二〇〇四年四月に発覚したアブグレイブ刑務所におけるイラク兵捕虜虐待事件は、組織的犯罪として七人の兵士が有罪とされたが、その性的虐待の写真などは、イラク人がまさに獣としてしか扱われていないことを示していた。こうした雰囲気を背景に、二〇〇六年トルコでは『イラク狼の谷』という映画が製作された。この映画ではトルコ情報員がジェームズ・ボンド役を演じ、米軍が敵《かたき》役である。『イラク狼の谷』はトルコで四〇〇万人以上の観客を動員し記録を作った。かつてトルコはソ連を睨《にら》んでの米国戦略の拠点であった。〇八年ドイツ・マーシャル基金の報告書「トランスアトランチック二〇〇八」の中で「国際問題でトルコは誰と協力すべきか」の問に米国と答えたトルコ人はわずか三%となっている。

マクナマラ元国防長官のベトナム戦争とイラク戦争の比較

ベトナム戦争の最大の責任者だったマクナマラ元国防長官は、一九九七年回顧録を出版した（『マクナマラ回顧録』前掲）。彼は本の中で、なぜベトナム戦争で米国は敗退したかを一一項目にまとめた。

(1)ベトナムが米国の安全保障に与える影響を過大評価した
(2)われわれはベトナム人の中に自由と民主主義への渇望があり、そのために戦おうと思った
(3)ナショナリズムの力を過小評価した
(4)地域の歴史、文化、政治に無知であった
(5)ハイテク装備、兵力、軍事思想の限界を認識していなかった
(6)軍事行動前に、議会と国民を率直な議論に巻き込まなかった
(7)国民に対する十分な説明がなく、支持を失った
(8)米国も指導者も全知の存在でないことを認識していなかった。米国が直接脅かされていないとき、他国の利益の判断は公開の国際的討議のテストにかけるべきだった
(9)多国籍軍と合同で実施する原則を守らなかった
(10)国際問題では時として解決できない問題があることを読めなかった。そして取り散らかされた世界と共存しなければならないことを認識しなかった
(11)行政府のトップクラスが複雑な問題に対処できるように組織してこなかった

以上の項目を一つひとつ今日のイラク戦争と比較してみると、見事なくらいマクナマラの言葉がイラク戦争にあてはまる。マクナマラが一一項目の教訓を記述したのは、イラク戦争が始まる六年前の一九九七年である。その彼がイラク戦争をどう見ているかは容易に想像できる。米国報道機関が彼とインタビューをし、これを報道するのは極めて自然である。しかし、米国報道機関は彼の見解を報道しなかった。ニュース価値がなかったわけではない。隣国カナダのグローブ・アンド・メール紙は二〇〇四年一月二五日マクナマラとのインタビュー記事を掲載した。

「『あなたが列挙したベトナム戦争の教訓は今無視されようとしているのではないですか』と問うと、彼は『同意する。（ベトナム戦争での失敗の）歴史が繰り返されるのを見るのは実に不本意である。イラク戦争は間違っている。道徳的に、政治的に経済的に間違っている』と答えた」（筆者訳）

米国のメディアは当然、カナダの報道に気づいている。しかしこの報道も無視した。

米国の各種戦略とイラク戦争

ワインバーガーはレーガン政権時、国防長官として対ソ強硬論を主張し軍備増強を行ったタカ派の代表的人物である。次の彼の主張は「ワインバーガー・ドクトリン」と称される。

（1）米国、同盟国の国益に致命的に重要でない限り、戦闘すべきでない
（2）軍を動かすのは明確に勝算があるときに限るべきである
（3）明確な軍事・政治上の目的があり、かつ実現できる能力があって初めて軍を動かすべきである
（4）われわれの目的と軍隊の規模等の調整を絶えず行わなければならない。戦いの過程で条件や目的は必ず変わる。常に国益に照らし、戦うことが必要かを問わねばならない。イエスなら勝たねばならない。ノーなら戦いに加わるべきではない
（5）議会の支持が得られるという合理的確証がなければならない
（6）戦闘への介入は最後の手段とすべきである

ワインバーガー・ドクトリンは米国幕僚養成学校の講義要領に掲載された。イラク戦争はワインバーガー・ドクトリンからも逸脱している。

次にパウエル・ドクトリンを見てみよう。パウエルは近年最も尊敬を得た軍人である。かつパウエル・ドクトリンは冷戦後構築された戦略で、今日の状況に適合している。パウ

エルは統合参謀本部議長時代、論文「米国の軍事力—今後の課題」（前掲『フォーリン・アフェアーズ』誌）を発表した。ここで彼は次のように主張する（要約）。

「軍事力使用の可能性が生まれたときに検討すべき要素には次のものがある。

われわれが達成しようとしている政治目的が重要か。非軍事分野では状況の改善が望めないのか。軍事力の使用によって政治的目的は達成できるか。どれくらいのコストが必要か。利益とコストのバランスシートは検討されているか。軍事目標は政治目的にしっかり裏打ちされるべきである。不明確な目的や任務のために兵士の生命を危険にさらすべきではない。武力を行使するときには必ず勝利を収めねばならないし、勝利は圧倒的でなければならない」

イラク戦争はこのパウエル・ドクトリンからも逸脱している。

こうみると、イラク戦争はマクナマラ、ワインバーガー、パウエルなど過去の米国の叡智に逆らう形で実施されている。

駐留長期化は治安維持に寄与しない

米国は、イラクに駐留する理由として、治安の回復と、イラクをアルカイダの巣窟にしないことをあげた。この点も検討していくと、莫大な犠牲を伴う米軍駐留を正当化できるかどうか疑問である。

次は二〇〇八年六月の時点でのイラク人世論調査結果について米国国防省が議会に対して報告した一部である。

問：あなたの近隣における治安に責任を持ってくれるのは誰ですか
回答：イラク軍（三五％）、イラク警察（三四％）、部族（五％）、隣人（四％）、多国籍軍（三％）
問：脅威に対してあなた及びあなたの家族を守ってくれるのは誰ですか
回答：イラク軍（七六％）、イラク警察（七三％）、州政府（六五％）、地方自治体（五六％）、多国籍軍（二五％）（著者訳）

イラク人は米国を中心とした多国籍軍がいなくても、治安が確保できると考えている。

次にイラクがアルカイダの巣窟になる点を見てみよう。

イラク人は前述したように、自分たちの地域を守り、外部の勢力には基本的に排他的である。それはアルカイダに対しても同じである。二〇〇七年四月六日、中東の代表的報道機関アルジャジーラは、「イラクにおいて、バース党員及び軍将校からなる最大の組織イラク・イスラム軍は、アルカイダが裕福で資金提供を行わない者や批判する者を殺しているので、その行動の是正を求める声明を発出した」と報じた。米軍と戦うという共通の目的がある中ですら、すでにアルカイダとイスラム教スンニー派の武闘グループに亀裂が生じている。米軍と戦うという共通の目的が消滅すれば、アルカイダがイラクに拠点を築くのは困難である。むしろ、怖いのは戦争を長期化させることによって、イラク国民の中に反米、反西側の武闘グループを作り出すことである。

すでに見たように、米軍を攻撃することが正当化できる者はイラク国民全体の四七％いた。米軍のイラク駐留長期化は、米国に対する安全保障上の脅威を増大させることとなる。

戦争が継続された二つの要因

イラク戦争とは一体何だったのか。米国の叡智とかけ離れて戦争が継続された。治安回復に米軍が必要であるとか、アルカイダの巣窟になるとの論が疑問であることも見た。いくつか指摘された理由も正当性を失った。では米軍はなぜイラクに駐留したか。二つの要因が依然残っている。一つは冷戦後の米国軍事戦略との関係、もう一つは米国国内政治におけるイスラエル勢力との関係である。

第三章で見たように、米国は世界最強の米軍を維持するため、イラン・イラク・北朝鮮の悪に対峙《たいじ》できる巨大な軍事力が必要という戦略を打ち出した。この方針が議会などで承認され、これで最強の軍隊が存続することとなった。イラン・イラク・北朝鮮等と対峙するという理由が消滅すれば、強力な軍を維持する論理が組み立てられない。この要因がイラク戦争の開始と継続に密接に関連している。これが第一の理由である。

オバマ大統領の誕生によって、この軍事的要因がどう変化するか。

上記の軍部の要請からすれば、軍事の対象国はイラクに限定される必要はない。イランなどのどこかの国が悪と認定され、そことの軍事対決姿勢が続けばよい。このうち、オバマ大統領はアフガニスタンでの戦いを再浮上させ、イランの核兵器開発の危険を述べている。

第二の理由はイスラエルの安全保障との関係である。

近年、米国国内でイスラエルの影響力が飛躍的に増大した。ハーバード大学ケネディ・スクール学長を経験したスティーヴン・ウォルト教授は、いかにイスラエル・ロビーが米国中東政策決定に影響力を持っているか、かつこれが米国の安全保障政策を危機に至らしめているか、そしてイスラエル・ロビーに対抗する勢力を作ろうとしても失敗するだろうと述べている（『イスラエル・ロビーとアメリカの外交政策』ジョン・ミアシャイマーとの共著、講談社、二〇〇七年)。

さらにウォルト教授によると、オバマ議員は二〇〇七年三月、シカゴのAIPAC(米国・イスラエル公共問題委員会)の会員に対して、自分が大統領に当選した際にはイスラエルとの関係を変更しないことを明言したが、米国の政治家がイスラエルに対してそこまでへりくだる態度をとるのは、イスラエル・ロビーの政治力をおそれているからだという(前掲書)。

次の発言要旨は二〇〇八年六月にオバマがAIPACで行ったものである。

・イスラエルを脅かす者は米国を脅かす者である
・イスラエルは質的軍事優位を有する必要がある
・イランはイスラエルに対してイラク以上の脅威を与えている
・米国の対イラン軍事行動は常にテーブルの上にある

さらに、オバマ大統領の主要人事を見てみよう。オバマが最も重要な人事として最初に手をつけたのが、ラーム・エマニュエル大統領首席補佐官の指名である。首席補佐官はホワイトハウスを事務的に掌握するナンバー・ツー的地位にある。

エマニュエルは二〇〇六年民主党下院選挙委員会委員長の座にあった。この委員会は候補者選定、資金集め、選挙の動員を取り仕切る。議員個々人に対して最も影響力のある組織である。このエマニュエルはユダヤ人である。彼は〇八年の大統領選でも資金集めに活躍したという。

ブッシュ大統領の下でチェイニー副大統領とともにブッシュ大統領を操ったと言われたのはカール・ローブである。ローブはブッシュの大統領選挙の責任者で、ブッシュ政権下、上級顧問としてホワイトハウスの中心人物だった。オバマ大統領の下で、ローブに代わるのがデヴィッド・アクセルロッドである。二〇〇八年の大統領選挙でアクセルロッドは資金、動員、プレス対策の責任者となった。オバマはインターネットでの資金集めをしたこと、草の根の選挙運動をしたこと、「改革」を選挙スローガンの中心に据えたことなどで大統領選挙を勝ち抜いたが、これらの動きの裏には常にアクセルロッドがいた。オバマの勝利はアクセルロッドによるところが大きい。このアクセルロッドはローブと同じく上級顧問としてホワイトハウス入りした。彼もまたユダヤ人である。

国務長官はヒラリー・クリントンであるが、二〇〇八年大統領選挙期間中、イスラエルが親イスラエルとして最も支持したのは、彼女である。

こうして見ると、オバマ政権ほど、ホワイトハウスの主要ポストがイスラエルに近い人々で占められたことはない。ウォルト教授の懸念はますます強まっている。

米国の中東政策を、オバマが述べた基準、「イスラエルを脅かす者は米国を脅かす者である」「イスラエルは質的軍事優位を有する必要がある」の二点に合致しているかどうかの視点で見ると極めて明快になる。

イラク戦争は米国全体という広い意味で見れば明確にマイナスである。そして、この戦争が、開始され、継続されていた要因を見ると、表向きには出てきてはいないが、米国軍事戦略と米国国内でのイスラエルの影響力が最も強力である。

そして、オバマ政権下でこの二大勢力は、従来よりも勢いを増している。この勢力にとって米国軍の関与はイラクに限る必要はない。しかし、中東のどこかに強力な軍事展開のあることが望まれる。そしてオバマ大統領は多分そうした軍事展開を行うであろう。

第六章　米国の新たな戦い

——技術工業的発展は、人間の武器をまったくの絶滅手段へと高めた。それによって、保護と服従との関係についての人を憤慨させるような不調和が作り出された。（中略）絶対的な絶滅手段は、それが絶対的に非人間的であってはならない場合には、絶対的な敵を要求する。絶滅手段が絶滅を行なうのではなくて、人間がこの手段でもって、他の人間を絶滅するのである。（カール・シュミット『パルチザンの理論』福村出版、一九七二年）

オサマ・ビン・ラディンの戦いの目的

オバマ大統領は大統領就任演説で、アフガニスタンの重要性を指摘した。オバマは大統領選挙中、アフガニスタンへの米軍増派を主張した。あわせて同盟国との関係強化を主張している。米国は間違いなく、自衛隊のアフガニスタンへの派遣を要請してくる。アフガニスタンは米国だけの問題ではない。日本の安全保障上の問題となる。ではこのアフガニスタンになぜ介入していくのか。

アフガニスタンへ米軍を増派する理由は次のように組み立てられる。

米国は九・一一同時多発テロを受けた。このテロ行為はビン・ラディンが率いるアルカイダによって実施された。このアルカイダを匿《かくま》ったアフガニスタンのイスラム原理主義組織タリバンの勢力が復活しつつある。従ってタリバンを撲滅しなければならない。そのために米軍の増派が必要である。

この論理は一見何の問題もないようである。しかし、丁寧に見ていくと、この論理は成立しない。そもそも、ビン・ラディンが率いるアルカイダはなぜ攻撃したのか。多くの人はビン・ラディンはイスラム原理主義でイスラム圏への西洋文化の浸透を憎み、西洋文化の象徴的存在である米国を攻撃したと考えてきた。しかしこれは正解ではない。

ビン・ラディンはなぜ米国と戦争しなければならないか、明確に述べている。それは、イスラム圏への西洋文化の浸透を憎むといった抽象的、哲学的問題ではない。

ビン・ラディンは対米国戦争を呼びかけた。それは事実である。彼は一九九六年、「二聖地（メッカ、メディナ）の地（サウジアラビア）を占拠している米国に対する戦争宣言」を発表した。戦争目的は極めて明確である。この宣言はアラーの名の下に米国軍のサウジアラビアからの撤兵を求め、これが達成されない限り米国軍を攻撃するというものである。CIAはビン・ラディンの宣言を深刻に受け止め、同年ビン・ラディンを追跡する特別チーム・アレックス部局を創設した。

サウジ人はイスラム教の盟主として誇り高い。その聖地たるサウジアラビアが米国軍の駐留に犯されている。この米国軍をサウジアラビアから追放すべきであり、米国が同意しないのなら米国と戦争すべきであるとしている。米国軍をサウジアラビアから追放すべきであるという主張は、サウジの王家内にも強い支持者がいた。ビン・ラディンの戦争目的はきわめて明快である。多くの人は九・一一同時多発テロ事件の実行犯のほとんどがサウジ人であることに首をひねったが、ビン・ラディンの戦争目的からすればきわめて自然であった。

二〇〇一年に九・一一同時多発テロ事件が発生したとき、犯行はビン・ラディン一派によると即断された。当然、彼の米国への攻撃理由を検証すべきである。そうすれば真っ先にビン・ラディンの「二聖地（メッカ、メディナ）の地（サウジアラビア）を占拠している米国に対する戦争宣言」を見なければならない。しかし、そうしなかった。米国のメディアも報じない。米国人のほとんどがこの戦争宣言の存在すら知らない。なぜか。

検証すれば九・一一同時多発テロを招いた米軍のサウジ駐留の是非が問われる。ブッシュ政権非難につながる。したがってこの問題を避け、イスラム過激派や一般的なテロ行為の危険が言及された。九・一一同時多発テロ事件以降、この事件の本質を見なかったために、米国の大迷走が始まった。

では、ビン・ラディンが要求したサウジアラビアにおける米軍は、その後、どうなったか。これも大々的には報じられていない。二〇〇三年イラク戦争開始後の四月二九日、BBCは「ほぼすべての米軍はサウジアラビアから撤退した。一九九一年から開始された米軍のサウジアラビア駐留は、サウジアラビアが米国に従属する象徴として非難されてきた」と報じた。米軍は密かに撤退したのだ。

米軍がサウジアラビアから撤退するとどうなるか。ビン・ラディンの対米戦争目的は達成される。戦争を行う最大の理由が消滅した。ビン・ラディンの脅威は当然減少する。

米国はずっとアルカイダを追いかけてきたではないか、ビン・ラディンを狙ってきたではないかという反論が出てこよう。ここも実態は多くの人の考えていることと異なる。

二〇〇六年七月四日、ニューヨーク・タイムズ紙は、次の報道を行った。

「ビン・ラディンを追跡するCIA内のアレックス部局が昨年解散された。このグループの初代の長マイケル・ショイアーは、『本決定はCIAがアルカイダ・グループはもはや脅威を与えないと判断したことによる』との解説をした。ビン・ラディンを追跡していた陸軍対テロ工作組織デルタ・グループも重点をイラクに移した」(筆者訳)

米国の情報機関や軍工作機関は、一時期、アルカイダ追跡の手を緩めた。それは当然である。ビン・ラディンを長とするアルカイダの脅威は減退したのである。

読者から「しかし米国はテロとの戦いをずっと強調してきたではないか。ここはどうなっているのだ」との問いが出るであろう。じつはこの問いにはチェイニー副大統領が答えている。

ビン・ラディンの首をとれば戦争は終わるか

そもそも、米国政府はビン・ラディンをどの程度危険視したか。テロとの戦いの実質的推進者はチェイニー副大統領である。このチェイニーは、同時多発テロ事件直後の九月一六日、NBCのティム・ルサート記者と単独インタビューを行っている。

「いまここにビン・ラディンの首を持ってこられても、われわれは戦いを止めない。われわれの戦略の重要部分は、かつてテロ活動に支援した国々が支援を止めたかを見極めることにある」（筆者訳）

多くのアメリカ人にとり、ビン・ラディンの首がとれれば一件落着である。しかし、チェイニーはそう考えない。さらにアルカイダについて次のように答えている。

「アルカイダはインターネットのチャット・ルームのようなものだ。彼らは異なった動機とイデオロギーを持ち、われわれが去るまで、テロ行為を行う」（筆者訳）

アルカイダを特定の動機を持ったグループと位置づけていない。

アル・ゴアは『理性の奪還』（前掲）の中で、九・一一同時多発テロ事件の翌日のリチャード・クラーク・テロ対策大統領補佐官の話を、次のように引用している。

「大統領は私と他の二人を部屋の中に連れていき、ドアを閉めて言いました。『これがイラクの仕業かどうか調べてほしい』私は答えました。『大統領、これはすでに調査済みです。われわれはこの問題をずっと調査してきました。……つながりはまったくありません』すると大統領はこう言い返してきました。『イラク。サダム。つながりがあるかどうか調べるように』……」

大統領はなぜ主敵であるはずのアルカイダについて聞きもしなかったのか。

九・一一同時多発テロ事件以降、国際政治の最重要課題であるテロとの戦いは、ビン・ラディンやアルカイダとの戦いと見られた。実際、そのために同時多発テロの翌月から米英を中心とするNATO軍は、アフガニスタンを攻撃した。敵は明確である。しかし、今日、テロとの戦いの性格は、多くの人々が抱いている像とは異なったものとなっている。

じつはブッシュ大統領はテロとの戦いで誰と戦うかを明確に述べている。多くの人は見逃したが、二〇〇二年一月二九日の一般教書でテロとの戦いを詳細に説明した。

(1) ハイジャックした一九人の犯人の大半がアフガニスタンの基地で訓練を受けていた。他にも数万人ものテロリストが訓練を受けている

(2) 米軍は、アフガニスタンにあるテロ訓練基地を壊滅させた。しかし、そうした基地は、少なくとも十数ヵ国存在する。ハマスやヒズボラ、イスラム聖戦、ジャイシエ・ムハマドなどのテロリストの地下組織は、人里離れたジャングルや砂漠で活動し、また大都市の中心部にも潜んでいる

(3) 訓練基地が存在する限り、またテロリストを匿う国家が存在する限り、自由は危険にさらされる。そして、米国も同盟国も、それを許すべきではない

この一般教書の導入部分はアルカイダ関連である。しかし、よく見るとハマスやヒズボラ、イスラム聖戦、ジャイシェ・ムハマドなどが対象になっている。また、それらのテロ組織を匿う国が戦う対象になっている。このグループは九・一一同時多発テロと全く関係がない。テロとの戦いの出発点は、九・一一同時多発テロ事件である。しかしテロとの戦いはアルカイダだけが相手ではない。ハマスやヒズボラ等が相手である。その支援国が相手である。テロとの戦いはその性質を大きく変化させた。なぜなのか。

アルカイダとハマス・ヒズボラは同じグループか

再びブッシュ大統領の二〇〇二年の一般教書を見てみよう。

「ハマスやヒズボラ、イスラム聖戦、ジャイシェ・ムハマドなどのテロリストの地下組織は、人里離れたジャングルや砂漠で活動し、また大都市の中心部にも潜んでいる」

米国国民は九・一一同時多発テロの主犯であるアルカイダと戦おうとしている。しかしブッシュ大統領は、巧みに、戦う相手をハマス・ヒズボラにまで拡大した。これでテロとの戦いの性格はすっかり変わった。

この変化の理解には米国・イスラエル関係の検証が不可欠である。第五章で紹介したスティーヴン・ウォルト、ジョン・ミアシャイマー共著の『イスラエル・ロビーとアメリカの外交政策』から関連分野を次に抜粋したい。

・イスラエルの利益に適《かな》うよう実行された政策で米国安全保障は危機にある

・二〇〇一年米国を訪問したシャロン（イスラエル首相）は「皆さんは米国でテロと戦っています。我々はイスラエルでテロとの戦いを戦っています。同じ戦争です」と述べた（中略）。二〇〇二年四月と五月に下院三五二対二一、上院九四対二で「米国とイスラエルはいまやテロに対する共通の敵と戦っている」と議決をした

アルカイダとの戦いとハマス・ヒズボラとの戦いは異質のものである。後者は中東和平と深く関わっている。過去、米国も国際世論も、ハマス・ヒズボラと軍事的に戦わなければならないとする立場をとらなかった。しかし、同時多発テロを境にハマス・ヒズボラとの戦いは米国の戦いとなった。さらにハマス・ヒズボラを支援する国とも戦うとしたのである。

一見乱暴なこの論理が、下院三五二対二一、上院九四対二という圧倒的多数で可決された。この数字はイスラエル・ロビーが米国内とくに議会でいかに強力かを示している。

ではオバマ大統領の下では、どうなるか。

オバマ大統領は大統領就任演説でテロとの戦いの継続を言明した。テロとの戦いを続ける限り、原点であるアフガニスタンでの戦いを続ける必要がある。この戦いをやめれば何のためのテロとの戦いかとの疑問が出る。しかし、すでに見たように、アフガニスタンでの戦いは、九・一一同時多発テロとは状況が変わっているのである。

アルカイダとイスラムの教えは別

イラク戦争及びアフガニスタン戦争の最大の問題は、西側が何を目的として戦っているかである。サミュエル・ハンチントン教授の「文明の衝突」（『フォーリン・アフェアーズ』誌、一九九三年夏号）は西側社会とイスラムとの対決は不可避とする代表的論文である。要点を挙げてみる。

・紛争をもっぱら引き起こすのは文明的な要素と考えられる
・西欧文明諸国が民主主義リベラリズムを促進し、軍事プレゼンスを維持し、自らの経済利益の促進を図ろうとすれば、他文明の反発を招く危険性がある
・西欧世界とイスラム世界間の対立が、より敵意に満ちたものになる可能性がある

イスラムを論ずるとき、多くの人はイスラム教が過激であると評価する。二〇〇四年一一月のコーネル大学調査では、米国人の四九％がイスラムは暴力的、四三％が狂信的と見なした。〇六年五月のＰｅｗ研究所の調査では各々四五％であった。米国民には、イスラム教は狂信的、暴力的というイメージがある。

しかしリチャード・ハース（執筆当時、国務省政策企画部長・兼アフガニスタン問題担当特使）の考えは異なる。彼は「対テロ戦略と国際協調」（『フォーリン・アフェアーズ』誌掲載、『論座』二〇〇二年一月号）で次の通り述べた。筆者も彼の考えに同調する。

「一部では混乱した見方がなされているようだ。これは、テロの脅威に対するブッシュ政権の対抗策の根幹にかかわる問題であり、ここでそうした混乱を正しておきたい。最初に指摘すべきは、アルカイダがイスラムのために戦っているわけではない……世界中のイスラム法学者や宗教指導者たちは、『ビンラディンは自分の犯罪を正当化するためにイスラム的信条をねじ曲げている』と批判している。（中略）パレスチナの指導者たちがビンラディンを歓迎し、受け入れることはあり得ない。（中略）コーランのなかに、アルカイダによるテロの正当化理論を見いだすことはできない。……アメリカが攻撃されたのは、その政治・経済・軍事力が絶大で、……この地域でのわれわれの友好国を支援しているからである」

この地域でのわれわれの友好国とはイスラエルを指している。

コーランの教えは過激か

イスラム教の原典であるコーランを見てみたい（『コーラン』中公クラシックス、二〇〇二年）。

・神の道のために敵と戦え。しかし度を越して挑んではならない。神は度を越すものを愛したまわない（「雌牛の項」一九〇）

・宗教には無理強いがあってはならない（「雌牛の項」二五六）

・彼らが戦うことなく退いて和平を申し出てくるなら、神はおまえたちに彼らを制する道を与えたもうことはない（「女人の項」九〇）

イスラム体制を築いたホメイニ師は『イスラーム統治論・大ジハード論』（平凡社、二〇〇三年）の中で次のように記述している（要約）。

・植民地主義者は植民地主義の目的を達成するためにはイスラムを滅亡させる基盤作

りが必要であると見なした。しかしキリスト教の普及は彼らの目的ではない。彼らの物質的利益の前に立ちはだかるのはイスラムへの信心であることを看取していた

・「さ、なんじら、彼らに対して、できるだけの軍勢と繋ぎ馬を用意せよ」は侵害されることのないようにできるだけ防衛力を持てということである

ホメイニの主張は防衛的である。コーランと同一の流れにある。

いま米国がイラク、アフガニスタンから撤退すると、両国をイスラム過激派が支配し、西側を攻めるという説がある。しかし、イスラムの教義上、この解釈は正しくない。「彼らが戦うことなく退いて和平を申し出てくるなら、神はおまえたちに彼らを制する道を与えたもうことはない」というのがコーランの教えである。追いかけて征服しろとは言っていない。逆に、西側のイラク、アフガニスタン駐留は、彼らの防衛的戦いを呼び起こす。駐留する限り戦いは続き、反西側感情が高揚し、西側への攻撃が増す。

イラク国民やアフガニスタンのタリバンは土着性が強い。双方とも西側の教義と戦っているのではない。彼らは土着性が排除されることに抵抗して戦っている。

筆者が駐イラン大使をしていた二〇〇〇年頃、緒方貞子国連難民高等弁務官がアフガニスタン経由でイランを訪問した。この時期アフガニスタンは麻薬の一大産地であった。高

等弁務官を大使公邸にお呼びし、各国大使との懇談の場を設けた。その際、高等弁務官は、西側諸国がアフガニスタンに援助疲れを起こしている、アフガニスタンがどうなろうと誰も関心がないと不満を露呈した。しかし高等弁務官の説明にもかかわらず、大使たちの反応は鈍かった。当時タリバン勢力を排除しなければ世界の秩序が壊れるとの認識は世界にない。今日タリバンがいかなる脅威を与えるかを考える際の、一つの材料である。

タリバン自体は西側でテロを起こす組織ではない。二〇〇一年にタリバンが非難され、攻撃されたのは、アルカイダを匿っているという理由だった。ビン・ラディンの米国への戦争呼びかけの理由であるサウジ駐留の米軍が撤兵した後、アルカイダの脅威は低下した。そして今、タリバンの何が脅威かを見極める必要がある。タリバンをアフガニスタンから駆逐することが本来の目的ではない。

ハマス・ヒズボラへの対応が中東安定への鍵

二〇〇二年のブッシュの一般教書でアルカイダとハマス・ヒズボラが同質の脅威として論じられていることは前述した。今日、テロとの戦いを考えるときには、ハマス・ヒズボラに、どう対応するかが最大の課題となっている。

ハマスは二〇〇四年一二月のパレスチナ地方議会選挙で、過半数の議席を得た。〇六年一月のパレスチナ評議会選挙でも貧困層を中心に支持を集め、過半数の議席を占めた。一方のヒズボラは急進的シーア派組織で、イラン型のイスラム共和制をレバノンに建国することを目指し、テロ活動と共に、選挙に参加し、貧困層への教育・福祉活動を行っている。

イスラエル情報機関モサドの前長官エフライム・ハレヴィが、著書『モサド前長官の証言「暗闇に身をおいて」』(光文社、二〇〇七年)の中で次のような記述をしている(要約)。

「ハマスはパレスチナ以外の地域での活動を意識的に避けている。彼らの狙いは明らかに領土的なものだ。ハマスはテロ集団というだけでは説明がつかない。彼らは政治的社会的活動もしている。選挙に参加し、議員もいる。ハマスが彼らなりの方法で、システムの一部になろうとしているのに対して、アルカイダはシステムを破壊しようとしている。ハマスの指導者には守るべき選挙民、財産、教育プログラム、社会システムがある。失うものが多い組織は、何かあれば大きな代償を支払うことになるとわかっているはずだ」

ついでヒズボラについては、完璧な潜在的なパートナーではないとしつつも、ヒズボラ・ハマスと連携できれば「イスラム社会の内なる脅威に対抗する中で非常に大きい役割を果たすことができるだろう」としている。

ハレヴィは現在のイスラエル政府の見解を代弁しているわけではない。しかし、情報機関モサドの前長官の発言である。もし彼の言を基礎にパレスチナ問題に対処したら、世界は大きく変わるであろう。

イスラエルとパレスチナ間対立の問題を処理するには大別して二つの方向がある。

一つはイスラエルの安全保障を力で守ることだ。そのためにはイスラエルは常に軍事的優位を持ち続けなければならない。この観点からすればイランの核開発は許されない。パレスチナへの武器・資金提供のルートは絶たなければならない。イラク・シリアのルートを絶つ必要がある。莫大な石油輸出の可能性のあるイラクを放置できず、米軍のイラク駐留を継続しなければならない。この政策を続ければ、パレスチナ人の武装闘争は続く。米国はテロとの戦いを続けなければならない。その際には九・一一同時多発テロの震源地となったアフガニスタンにも介入せざるをえない。中東の緊張はほぼ永久に継続される。

もう一方の選択は、パレスチナ問題を交渉で解決することである。交渉での解決は難しいと言われながら、一九九三年にイスラエル政府とパレスチナ解放機構の間でオスロ合意が成立した。仮にパレスチナに和平が成立するとどうなるか。前者の必要性がすべて変わる。イスラエルの軍事的優位性の追求は弱まる。テロとの戦いは沈静化する。周辺地域を米国の支配下におく必要性も後退する。

中東和平は種々の困難がある。しかし、本来的にはパレスチナ住民及びイスラエル国民の大多数は和平を志向している。もし米国が本気で、かつEU等と協力し和平工作にあたれば、中東和平が成立する可能性は高い。米国にはイスラエルを動かす力は十分にある。現実はどうか。いまはイスラエルが米国支配者に影響を与え続け、尻尾が犬を振る状況だ。

土着性の強い戦いと国際的なテロは違う

カール・シュミットの著作『パルチザンの理論』(前掲)に次のような記述がある(要約)。

・パルチザンの指標は神出鬼没、迅速、攻撃及び退却の不意打ち的な変化、これら高度化された遊撃性である。パルチザンは(1)非正規性(2)高度化された遊撃性(3)政治関与の激烈さ(4)土地的性格に特徴付けられる

・一九世紀のパルチザン活動、さらに第二次大戦以降の毛沢東、ホー・チミン、カストロなどの戦いも、土地、土着住民との結びつきが強い

・土着的パルチザンも、その遊撃性は機械化によって格段に高められるので、土着性を喪失する危険を持つ。パルチザンは土着性を失い、利用される危険性がある

土着性の強いパルチザンとの戦いは容易ではない。植民地闘争が示すように、いかに植民地住民と宗主国軍隊の間に圧倒的な力の差があろうと、宗主国は軍事的抑圧を継続できない。これが今日の米国と、イラク及びアフガニスタンのタリバンとの関係である。

オバマ大統領がアフガニスタン戦争への増派を主張し、日本もその同調を求められる今日、アフガニスタン戦争は何を意味するかを、検証する必要がある。進藤雄介氏の『タリバンの復活』(花伝社、二〇〇八年)の記述が貴重である。

「タリバンはイスラム原理主義の考え方に基づきアフガニスタンを統治しようとした勢力であり、テロや殺人などの犯罪を目的とする集団ではない。もとはと言えば、内戦で秩序が失われ、軍閥などが好き放題やっていたアフガニスタンに、イスラム教に基づく政府を打ち立て、治安回復と平和をもたらしたい、という純粋な気持ちで世直しのために立ち上がったのがタリバンである。(中略)

タリバンはもともと米国を攻撃する意図などなかったが、米国が軍事攻撃を開始し、アフガニスタンに軍隊を駐留させたことにより、米国をはじめとする外国軍を攻撃するようになった」

第七章　二一世紀の核戦略

——（クラウゼヴィッツは『戦争はその他の手段をもってする政治の継続である』としているが）熱核爆弾によって都市を破壊したり、数百万の人々を無差別に皆殺しするということが、どうして、諸国家が通常目論む目的を達成するための手段——他のどんな手段にも比較しうる手段——とみなされえようか。（中略）こういった単純な考えに対して、……ネオ・クラウゼヴィッツ派の人々は……戦争の脅威、さらには核戦争の脅威さえ一九四五年以来、消えたことはなかったと反駁した。（レイモン・アロン『戦争を考える』政治広報センター、一九七八年）

——一九四五年八月一一日

親愛なるカバート氏へ

八月九日付貴氏書簡を感謝します。

原爆投下に私ほど心を痛めた者はいないと思います。しかし私は日本人による真珠湾攻撃及び米国人捕虜に対する殺人に対して心を乱されてきました。彼らが理解すると思われる唯一の言葉は、われわれが相手を攻撃するときに用いる激しいものだけのようです。獣のような連中を相手にするときは彼らを獣として扱う必要があります。残念ですが事実です。

ハリー・トルーマン

敬具

（Nuclear File Org.筆者訳）

核兵器の限定的使用を模索したブッシュ政権

日本は、広島、長崎と、多くの犠牲者を出した世界で唯一の被爆国である。二度と核兵器を使わせないという気持ちが強い。

他方、米軍内には、ベトナム戦争で敗れたのは、核兵器を使えなかったからだとの思いが強い。米軍関係者の中には限定的核兵器使用の道を開きたいとの思いがある。

もちろん、米国人の大多数は核兵器の使用に反対している。これが米軍の核兵器使用に対する大きな制約要因となっている。しかし、米軍関係者の動きを見ると、今日、米国の核使用の軍事計画は、多くの人が思っている以上に具体性を持ってきている。特にイラク戦争前後から、イランの核開発をめぐり、核使用の論理が従来以上に進んだ。

その論理は、次のようになる。

イランは核兵器を開発している。イランの大統領はイスラエルを地球上からなくすと発言している。イランが核兵器を持つと使用する可能性がある。だからイランの核開発を止めねばならない。イランの核開発は地下深くの施設で行われている。通常兵器では核開発施設を破壊できない。核兵器を使用するしかない。核兵器は人を殺傷する目的でなく、危険な人物に核兵器が渡るのを防ぐためである。したがって核兵器使用は正当化できる。

イランの脅威を主張するのはブッシュだけではない。オバマは選挙期間中、イランの核兵器問題はイラク問題より深刻であり、イランの核兵器開発は絶対許さない、武力使用を可能性から排除しないと述べている。オバマ大統領の安全保障上の最大の課題は、イランの核問題にどう対応するかになろう。

ジョセフ・ナイの論理

一九八五年から一年間、筆者はハーバード大学国際問題研究所の研究員であった。学生に交じり、ジョセフ・ナイ教授の授業に出た。第一日目の講義は日本への原爆投下は正当化できるかであった。彼は次の論理を展開した。

「われわれは民主主義を守るためドイツ、日本と戦った。この戦争は勝利しなければならない。しかし、米軍兵に予想以上の人的負担が出た。日本軍と米国軍の死傷者の比率は当初南方で一〇対一であった。それが硫黄島の戦いで五対一となった。日本軍の抵抗は強かった。次いで沖縄では三対一となった。本土上陸が待っている。このままでは日本の抵抗がますます強くなる。九州上陸の際には比率は二対一と予想された。日本の征服は必要である。しかしその犠牲は一定の許容範囲がある。二対一は許せない。この論理が原爆投下の最も有力なものだった」(筆者注：ナイの講義中の具体的数字については筆者の記憶違いの可能性

もあることを付記したい）

トルーマンの自叙伝を読むと、日本本土上陸の際には米国は五〇万人の米国兵の死者を想定していたようである。

ハーバード大学の卒業生は、ナイの論理を身につけている。この論理は広島・長崎にとどまらず他の地域にも適用される汎用性がある。それは次のようなものとなる。

・われわれにはなすべき任務がある
・しかし任務遂行にあたって、米国人として負担できる犠牲には限界がある
・米国の犠牲を許容範囲に抑え、任務達成ができるのならその手段を使うべきだ
・核兵器がその手段であり、必要に応じてわれわれは使用する

今日米国の安全保障関係者は基本的にこの論理を受け入れている。この論理がいま、「悪の枢軸」国等に対して使われようとしている。特に核の使用については、イランに対しての使用が一時期かなり現実味を帯びていた。

核攻撃の対象国は獣として扱う

ナイは、自国兵の犠牲の問題は論じた。しかし、相手国の犠牲と戦争目的の相関関係は論じられていない。

一方、仏戦略家レイモン・アロンは、「熱核爆弾によって都市を破壊したり、数百万の人々を無差別に皆殺しにするということが、どうして、諸国家が通常目論む目的を達成するための手段……とみなされえようか」と、相手国の犠牲と戦争目的の相互関係を正面から論じている。

第六章冒頭で紹介したシュミットの言及がアロンの問いへの逆説的回答となっている。

「絶対的な絶滅手段は、それが絶対的に非人間的であってはならない場合には、絶対的な敵を要求する」

本章冒頭で見たトルーマン大統領の発言が、見事にこれに該当する。

「彼らが理解すると思われる唯一の言葉は、われわれが相手を攻撃するときに用いる激しいものだけのようです。獣のような連中を相手にするときは彼らを獣として扱う必要があります」

獣が相手なら数百万を殺戮《さつりく》することに抵抗はない。今日、イラン、イラク、北朝鮮と悪の枢軸国への攻撃が検討された。その際激しい軍事攻撃が予想される。したがって悪の枢軸国のリーダーは獣のような連中であるとの定義が必要となる。さもなくば、攻撃する者自身が犯罪者及び非人間的となる。

ブッシュ大統領は「金正日《キム・ジョンイル》を反吐《へど》が出るほど嫌いだ。人民を餓えさせている。この人物には反吐が出る反応を起こす」と言った(『フォーチュン』誌、二〇〇三年一月二〇日号)。この時期、ブッシュ政権の選択肢の中には北朝鮮への軍事行動が入っていた。その後、米国戦略の中心が中東に特化した。〇三年八月に六ヵ国協議が開催された後、ブッシュの金正日に対する激しい非難は聞かれない。

米国が特定国を攻撃する際には、指導者ないし体制は獣として描かれる。

サダム・フセインは、大量破壊兵器でいまにも西側を攻撃するように描かれた。そして攻撃を受け、処刑された。いま米国の最大の焦点はイランである。イランのマフムード・アフマディネジャド大統領に関しては、「イラン大統領と会談するのは、第二次大戦前のヒトラーとの有和《ゆうわ》政策に等しい」(ロイター、二〇〇八年五月一五日)としてヒトラー並みに扱っている。

ヒトラー並みの指導者を持つ国なら、大量殺戮をしても問題ないというわけだ。

重要なことは、こうした獣の国を相手にする時には、必要なら核兵器を使用するという考えが次第に醸成されてきていることである。

対イラン核攻撃の軍事作戦計画

第五章でオバマが大統領選挙の最中の二〇〇八年六月、米国・イスラエル公共問題委員会(AIPAC)で行った演説を見た(一七四ページ)が、これを見ればオバマ大統領の下で、イランの核開発問題が最重要課題の一つになることが予想される。イランの核開発問題はブッシュ大統領が個人的に重視した問題ではない。

ではオバマ大統領はイランの核開発問題にどう対処するか。最初は外交チャネルでイランに核開発の停止を要請する。イランと対話するという意味ではブッシュ政権より一歩前に進む。これは確実である。これにイランはどう反応するか。これまでどおり、核開発はイランの権利であると主張する。外交で一気に妥結することは考えにくい。交渉は行きづまる。「米国の対イラン軍事行動は常にテーブルの上にある」事態がくる。米国の軍事行動はどのようなものが予想されるか。その際にはブッシュ大統領下で生じたことが、再度浮上する。ではブッシュの下で何が起こっていたか。

二〇〇五年五月一五日付ワシントン・ポスト紙は、ウィリアム・アーキンの記事を掲載し、「〇三年一月の米大統領命令に基づき、イラン、北朝鮮等の脅威が緊急的である状況を踏まえ、イラン、北朝鮮の核関連施設を破棄する目的で米国核兵器の使用を許可する軍事計画CONPLAN8022が作成された」と報じた。

二〇〇七年九月、ロンドン大学東洋アフリカ研究学院（SOAS）は、イラン問題に関するセミナーを開催し、ここで「イランとの戦争を考察する（Considering a war with Iran）」と題するダン・プレッシュSOAS国際問題センター長の論文が提示された。

「米国の国家安全保障戦略、核使用ドクトリン、戦争プランのいずれも、司令官が大統領に核使用権限を要請できるとしている。また米国軍事指令書では『軍事作戦実施中、通常兵器で目的が達成できないときには、目的達成のため核使用を許可する』とされている。

二〇〇三年、戦略指揮（STRATCOM：米国防省内にあって核兵器を管理する司令部）に課せられた新たな作戦計画CONPLAN8022において、危機時の先制核攻撃を想定している。CONPLAN8022では北朝鮮、イラン、シリア等が対象である。

二〇〇四年春、ラムズフェルド国防長官は『CONPLAN8022を常に実施できるように』との緊急指令を発出した。これに基づき、米空軍及び海軍は大統領の指示があれば攻撃できる態勢を作った」（筆者訳）

「相互確証破壊戦略」の放棄

第二次大戦以降、米国は常に核兵器の開発で世界をリードし、核戦略を形成してきた。

一九七〇年代から八〇年代の米国の核戦略は「相互確証破壊戦略」と呼ばれる。米国が相互確証破壊戦略の採用に至る前には様々な戦略がある。

米国の核戦略については、久住忠男『核戦略入門』(原書房、一九八三年)が詳しい。この本では、「大量報復戦略」「柔軟反応戦略」「対兵力反撃戦略」「フル・ファースト・ストライク(完全第一撃)論」「確証破壊戦略」「柔軟反応核戦略」といった戦略が紹介されている。

冷戦時代、米国の核戦略が変化していく最大要因は、主敵であるソ連と米国の間における核兵器分野における相対的力関係の変化であった。

第二次大戦終了後、米国は核兵器分野で圧倒的優位に立っていたので、当初は米国が選ぶ方法と手段において、即座に反撃できる強力な核を持つ大量報復戦略をとっていた。しかし、ソ連が核兵器を有し米国に報復する能力を持つと、大量破壊兵器の脅しだけでは安全は確保できないので、通常兵器でもバランスをとって対応すべきだとする柔軟反応戦略が出てきた。ソ連の核兵器体系が米国に追いつくと、相互確証破壊戦略が出てくる。

過去の戦略は、核兵器をどう使うかを中心に築きあげられた。しかし、相互確証破壊戦略は、米ソ双方がいかに核兵器を使用しないようにするかの戦略である。

核保有国A国とB国が存在するとする。まずA国がB国を攻撃したときに、B国に必ず相当規模の核兵器が生き残ることを保障する。そうしておけば、攻撃されたB国は生き残った核兵器でA国に報復し、A国も致命的な被害を受ける。こうなるとA国は、自国への被害を考慮するとB国を攻撃できない。こうしてA国B国双方共、攻撃できないようにするのを相互確証破壊戦略と呼ぶ。こうした仕組みをつくった背景は、もしB国の力が相対的に弱くA国の核攻撃で全滅する可能性があれば、A国の攻撃がある前に核攻撃をしてしまおうとする誘惑に駆られるから、これを排しなければならないという考えに基づく。

ケネディ・ジョンソン政権下で国防長官だったマクナマラは、相互確証破壊戦略を米国戦略として定着させた。一九七二年に米ソで合意された戦略兵器制限交渉は、基本的に相互確証破壊戦略を基礎にしている。しかし、実態はそう単純ではない。

米国軍部は米国がソ連から攻撃されない確証を得たことだけで満足したわけではない。核攻撃時、ソ連に反撃能力を与えない態勢を打ち立てることを目指した。ソ連が核兵器の運搬手段をICBMだけに依存していたときには、米国はソ連のICBMの完全破壊を目指した。かつそれがほぼ、実行可能であった。

ところが、ソ連が一九七〇年代末から八〇年代はじめにかけて、オホーツク海とバレンツ海に戦略潜水艦を配備した。これが海に潜り米国の核攻撃からも生き残るようになると、ソ連は米国の主要都市に壊滅的反撃を行えるようになる。ここで初めて、ソ連が米国に対し、真の意味で確証破壊能力を有することになる。オホーツク海でのソ連戦略潜水艦は、ソ連に確証破壊能力を持たせるか否かをめぐる米ソ双方の戦略上死活的重要性を持つ問題であった。ここに日本のシーレーン構想が絡んだ。しかし日本の安全保障関係者がこの点を十分に理解することなくシーレーン構想を受け入れたことは第一章で説明した通りである。

マクナマラは一九九六年六月、CNNのインタビューにおいて「今日、相互確証破壊戦略は軽蔑の対象として扱われている」と慨嘆した。冷戦時代、米ソの安全保障関係者は相互確証破壊戦略を大前提として考えてきた。それがいまや軽蔑の対象として過去のものになった。これは何を意味しているか。

ソ連が崩壊した後、米国には次の三つの選択の道があった。

第一に米国自身の核兵器を削減する。第二にロシア・中国の脅威が消滅していないとして現状維持する。第三に新たな脅威として認定されたイラン・イラク・北朝鮮等に核使用をできる態勢を持つこととする。この中で、第三の選択が勢力を増す。それが、前述のアーキンの記事、さらに、プレッシュ論文に見られる動きに繋がる。前述のプレッシュ論文では一部しか紹介していないので、残りも見てみよう。

「ワシントン・ポスト紙及び、セイモア・ハーシュは対イラン核攻撃の目標を、ナタンツ及びイスファハンとしている。たとえばナタンツ施設は地下深くにある。核兵器での攻撃以外では目標の破壊が困難である。目標地に対する一〇キロトン級三発の攻撃時、目標ごとの死者数は次の通りである。イスファハン五七万人、タブリズ九〇万人、テヘラン六〇万人、対象都市一一ヵ所、死者二八〇〇万人が想定される」（筆者訳）

筆者は米国が対イラン核攻撃を実施するにしても、二八〇〇万人の犠牲を出す攻撃は避けると思う。被害をできるだけ抑え、限定核攻撃への道を開くことを重視するだろう。米国は核兵器で圧倒的に優位にある。通常戦争では米国の人的・経済的被害が大きすぎる。限定的に核兵器を使えるという状況ができれば、米国は将来の戦闘で圧倒的優位に立てる。その意味ではイラン核問題は、米国にとって核兵器使用の道を開く絶好の機会である。

米国の中東政策はイスラエルの戦略に影響されているが、現在イスラエルの安全保障上最後の拠所《よりどころ》は、中東で独占している核兵器である。イスラエルの戦略は、自分たちが核兵器を使える環境を作りたい、しかし同時に中東の他国に核保有は許さないという二点である。一方米国は、イランの核攻撃の危険性がある、これを防ぐには核攻撃しかないという理由の下で、核攻撃の道を開きたい。米国は核兵器を使用しない戦略から、勝つ戦争をするため、核兵器による先制攻撃も行う戦略に変化した。これが、マクナマラが今日、相互確証破壊戦略は軽蔑の対象として扱われていると述べた背景である。

マクナマラが相互確証破壊戦略はいまや放棄されていると述べたのは一九九六年である。ブッシュ政権の前、クリントン政権の時である。米国が先制攻撃的に核兵器を使用する軍事戦略を持ったのはブッシュ政権においてではない。そのことは、オバマ政権でも継承される可能性が大きいことを意味している。

戦争に勝利する手段としての核兵器

西欧の戦略家に、戦略本を一冊だけあげよと問えば、答えはクラウゼヴィッツの『戦争論』だろう。彼は、戦争を、敵に我が意思を強要するための力の行使と位置づけた。

しかし、相互確証破壊戦略の時代は、クラウゼヴィッツの戦争論は通用しない。相互確証破壊戦略は、攻撃を仕掛けた方も容認できないレベルの被害を受けることを保障する戦略である。相互確証破壊戦略は戦争で勝利するシナリオを排除した。

しかし、ソ連の崩壊で、世界最強国の米国に、戦争に勝利するシナリオが出てきた。米国軍部の中で、クラウゼヴィッツの戦争論が生き返った。

このクラウゼヴィッツの戦争論には、次の三つの重要な主張点がある。

・敵に我が意思を強要するためには敵を無力化させなければならない

・力の行使において制限はない。極限にまで達せざるを得ない
・博愛主義者は、大いなる流血なしに敵を武装解除し圧倒するための巧妙な方法が存在するとする。この間違いは根絶しなければならない

世界各地で戦略を学ぶとき、クラウゼヴィッツの戦争論は必読書である。多くの軍人がこの思想を身につける。イラク戦争突入の論理はクラウゼヴィッツの戦争論の論理である。こうした動きに警戒心を持ったのがリデル・ハートである。リデル・ハートは、クラウゼヴィッツの戦争論は猪突攻撃による無益の人命浪費を妥当化することに利用されていくだろうと批判した。今まさに戦略でクラウゼヴィッツを受け入れるか、リデル・ハートを受け入れるかの瀬戸際にある。クラウゼヴィッツを学びリデル・ハートを学ぶのは古典の消化ではない。今日の核兵器の危険にどう対処するかの問題に深く関わってくる。

ブッシュ政権時代、米国が対イラン戦争を起こすのか、その際に核兵器を使用するのか、第二次大戦以降の流れを変える動きが出るかもしれない緊迫した時期があった。この流れは二つの動きで止まった。

一つは中央軍司令官ウィリアム・ファロンが職を賭して、対イラン戦争開始に反対したことだ。もう一つは、ブッシュ政権がイランは核兵器開発をしているとして軍事作戦を模

索している中で、二〇〇七年一二月三日、米国のすべての情報機関の情報をまとめた米政府国家情報評価（ＮＩＥ）が発表され、この中でイランは〇三年秋の段階で核兵器開発計画を停止していたとの分析結果を示したことだ。

人の配置は時の運で、逆の思考を持つ人が中央軍司令官であったり、ＮＩＥの責任者になる可能性がある。留意しておかなければならないのは、大統領府が限定的核攻撃はプラスと判断すれば、米国はいつでも実施できる態勢にあることだ。

一九六〇年代の核戦略に学ぶ

核戦略が最も真剣に論じられたのは一九六〇年代である。米国でもソ連でも第一級の学者・軍人がこの問題と取り組んだ。したがって核戦略を学ぶ者は、この時代の論議に精通する必要がある。

こうした中で、米ソの代表的戦略家と見なされるキッシンジャーとソコロフスキーの考え方を見てみたい。両名の見解は今日でも核問題を考える上での基礎になる。ソコロフスキーは一九五二年から六〇年までソ連軍参謀総長として、ソ連の最も優れた戦略家と見なされた。参照文献は、キッシンジャーについては『核兵器と外交政策』（前掲）、ソコロフスキーについては『ソ連の軍事戦略』（恒文社、一九六四年）である。

まず、キッシンジャーは抑止に関して次のように述べている。

・奇襲攻撃への最も有効な反撃は、相手の社会に最大の壊滅を与えることだ
・抑制とは、得られる利益とは釣り合わないリスクを押しつけることによって、相手にある行動方針をとらせないようにする試みである
・戦争の犠牲と紛争の目的との釣り合いがとれないことで戦争はやりたくなくなる

核の抑止は、攻撃する国に対する報復であるとの理念を明確にしている。キッシンジャーは米国の核の傘については次の説明を行っている。

・全面戦争という破局に直面したとき、ヨーロッパといえども、全面戦争に値すると（米国の中で）誰が確信しうるか、米国大統領は西ヨーロッパと米国の都市五〇とを引き換えにするだろうか
・西半球以外の地域は争う価値がないように見えてくる危険がある

キッシンジャーは西欧に対してですら、その防衛で米国本土が叩かれるなら、米国は核

の傘は与えないのではないか、まして西半球以外の土地、つまり日本を守る価値はないと判断するのではないかと見ている。

米国の核の傘は米国本土攻撃という人質をとられたときには機能しなくなる。ここから欧州の主要三ヵ国はそれぞれ異なった戦略を選択した。英国は自ら核兵器を保有し、これを取引材料として、米英核戦略の一体化を目指した。フランスは独自の核兵器を持った。ドイツは核兵器に依存することなく、敵となるソ連との間の対立点の減少をめざす独自の対ソ外交を展開した。三者に共通するのは、米国への依存で十分との判断をしなかったことである。

この判断は戦後の日本と決定的に異なる。

キッシンジャーは、核兵器と外交の関係につき、さらに次のように述べている。

・核保有国間の戦争は中小国家であっても、核兵器の使用につながる
・核兵器を有する国は、それを用いずして無条件降伏を受け入れることはないであろう、一方でその生存が直接脅かされていると信ずるとき以外は、核戦争の危険を冒す国もないとみられる
・無条件降伏を求めないことを明らかにし、どんな紛争も国家の生存の問題を含まな

い枠を作ることが米国外交の仕事である

次いでソコロフスキーの主張を見てみたい。

・近代戦の目標は敵の戦略核兵器、その関連施設、大都市、経済中枢、政府機関、軍事中枢、戦場における陸海空軍部隊になるであろう
・敵の地上部隊が集中している比較的薄い正面での作戦は、将来戦においてはあまり重要でない
・最短時間で決定的な成果を達成する必要がある。戦争初期の重要性を高める

キッシンジャーの言葉を現在の極東にあてはめて考えてみよう。われわれにとっては北朝鮮の核兵器開発がどうなるかが、極めて重大な関心事である。

われわれは通常西側の観点で考える。では北朝鮮側からはどう見えるだろうか。ガバン・マコーマックの『北朝鮮をどう考えるのか』(平凡社、二〇〇四年)を参照してみよう(要約)。

「米国にとり北朝鮮の核は過去一〇年ほど主要な問題であったが、北朝鮮にとっては米国

の核の脅威は過去五〇年絶えず続いてきた問題であった。核時代にあって北朝鮮の独特な点は、どんな国よりも長く核の脅威に常に向き合い、その影に生きてきたことである。朝鮮戦争では核による殲滅《せんめつ》から紙一重で免れた。米軍はその後核弾頭や地雷、ミサイルを韓国の米軍基地に持ち込んだ。一九九一年核兵器が韓国から撤収されても、米軍は北朝鮮を標的とするミサイル演習を続けた。北朝鮮では核の脅威がなくならなかった。何十年も核の脅威と向き合ってきた北朝鮮が、機会があれば『抑止力』を開発しようと考えたのは驚くことではない」

北朝鮮がこの恐怖心を持っている際には、西側はどう対応すべきか。

ここでキッシンジャーの考えが生きてくる。キッシンジャーは「核兵器を有する国は、それを用いずして無条件降伏を受け入れることはないであろう、一方でその生存が直接脅かされていると信ずるとき以外は、核戦争の危険を冒す国もないとみられる」と判断した。同時に、「無条件降伏を求めないことを明らかにし、どんな紛争も国家の生存の問題を含まない枠を作ることが米国外交の仕事である」と指摘している。この指摘が北朝鮮の核兵器開発に対する西側の基本理念となるべきではないか。

日本の安全保障問題上、北朝鮮をどう位置づけるかは後の章で検討したい。

第八章　日本の進むべき道

——日本国民が、三〇年前に起ったことによって戦争にかかわる一切の事柄を自分たちの関心対象から除外してしまうほど、自分を押し殺さねばならぬ理由はない。（レイモン・アロン『戦争を考える』政治広報センター、一九七八年）

——国際政治の見方には、「国際関係でのアナーキー、パワー・ポリティックス、戦争の要素を強調する」現実主義、「諸国家からなる社会あるいは国際社会の道徳的一体性を信ずる」革命主義、「国際的アナーキーが支配的な状況でも国際的交渉を重視する」合理主義の三つの潮流がある。

現実主義は「人間は非合理的で好戦的な動物である、人間の本性は変えられず、戦争は自然で避けられない」とする。

合理主義は「平和こそが戦争の目的であってその逆ではない」「戦争とは出来る限り最小限に抑えられるべき必要悪である」と主張する。

革命主義は、合理主義と同じく「戦争自体は正しくない」と考える。しかし合理主義者は勢力均衡の回復、被支配国の解放、原状回復のための戦争を考えるのに対して、革命主義者は究極的な未来の平和を目指して行われる一連の戦争について考える。（マーティン・ワイト『国際理論——三つの伝統』日本経済評論社、二〇〇七年より要約）

日本はなぜ核抑止政策を考えてこなかったか

日本の隣国、ロシアと中国は核保有国である。さらに北朝鮮は核保有国への道を進んでいる。この状況を考えれば、論理的には、日本で核問題を議論するのは当然である。

第二次大戦以降の基本軍事戦略は、相手国が武力攻撃を行わない最終的担保は、攻撃する国に攻撃以上の被害を与えることとしている。この点に議論の余地はない。では日本はなぜこの基本戦略に基づき、核兵器保有問題を議論してこなかったのであろうか。

一つに日本の被爆国としての特異性がある。「ノー・モア・ヒロシマ」は国民一体の強い願いである。

しかし、われわれはもう一つの要因、米国の意向という要素に留意しておく必要がある。マイケル・グリーンは前掲論文「力のバランス」で次のように記している(要約)。

「サンフランシスコ講和会議時、ダレスは各国代表に対して、戦略的取引に関するアメリカの見解を説明した。第一に日本は民主主義諸国の共同体に留まる。第二に日本は、国連憲章の下で国家自衛権を保持するものの、攻撃能力を発展させることはない。第三にアメリカは日本国内に基地を保持する。ダレスにとり、この三点は譲れないものだった。吉田首相は戦略的取引に伴う非対称性が永遠に続くとは予期していなかったに違いない。日本は、自国の防衛を他国に依存するレベルに留まり続けるべきではないと、首相自身が述べている。

実際、ハーマン・カーンからヘンリー・キッシンジャーに至るまで、日本の経済復興は自立した軍事能力に結びつくだろうと論じてきた」

このグリーンの説明で特異なのは、ダレスが日本に攻撃能力を発展させないことを絶対譲れない点として求め、日米で合意したことである。

西側陣営で、米国に基地を提供する国は多い。しかし、世界中で攻撃能力を持たないことを安全保障政策の基本とする国はまずない。だが、こうした指摘はグリーンだけではない。第四章でも登場したケント・カルダーは、『米軍再編の政治学』(前掲)で、米軍基地は日本を無力化させる目的を持っていた、と記している。

では、今日、米国の方針はどうなっているのか。

繰り返し述べているように、二〇〇五年一〇月に日本は米国と、「日米同盟:未来のための変革と再編」で、極東のみならず、世界規模で協力することを約束した。この新たな約束では日本の役割増強が基本的課題であった。

ではこの文書の中で、日本の攻撃力はどう位置づけられているか。

「役割・任務・能力についての基本的考え方」では、「日本の防衛態勢は、二〇〇四年の防衛計画の大綱に従って強化される」「米国の打撃力及び米国によって提供される核抑止力は、日本の防衛を確保する上で、引き続き日本の防衛力を補完する不可欠のものであり、地域の平和と安全に寄与する」とされている。

さらに、二〇〇四年一二月一〇日閣議決定の「平成一七年度以降に係る防衛計画の大綱」を見てみよう。「基本方針」では、「我が国は、日本国憲法の下、専守防衛に徹し」「核兵器の脅威に対しては、米国の核抑止力に依存する」としている。ちなみに防衛計画大綱の策定について密接な日米協議が行われてきていることは、第三章において秋山昌廣元防衛事務次官の『日米の戦略対話が始まった』で見た通りである。

「大綱」では、米国が必要な核抑止力を有しているので、「日本に（戦略的）打撃力と核抑止力は持たせない」という状況で推移させる方針が貫かれている。日本に新たな役割分担は求める、日本が国際舞台で危険の負担を行うことは求める、しかし、日本防衛に関しては日本独自の抑止能力は持たせない。これが今日の米国の対日安全保障政策である。この論理には何か馴染めないものがある。通常は、われわれ米国には国際的任務が増えている、したがって自分の安全保障はまず自分でやってくれ、われわれは余裕の出た力を他に振り向けるという論理であろう。しかし米国は戦後一貫して日本に戦略的攻撃能力を持たせない方針を貫いている。

カルダーが述べたように、米軍基地は日本を無力化させる目的を持っていた。また第三章で見たように、少くとも一九九二年の時点では、米国防省は日独の核兵器保有を警戒していた。日本に核兵器を持たせないとの目的は、いまでも米国から完全に払拭されたわけではない。

こうした状況で、日本の(戦略的)打撃力と核抑止力の問題を考えてみようという議論が出たらどうなるか。二〇〇三年八月一四日、西原正防衛大学校長(当時)は米朝不可侵条約に反対する論文をワシントン・ポスト紙に寄稿した。西原氏はそこで日本の核兵器保有の可能性について以下のように言及した。

「米国・北朝鮮間で仮に不可侵条約が締結されることになると、それは日米安保条約と矛盾する。北朝鮮が核兵器を持たない状況でも、北朝鮮は生物化学兵器を保有しており、日本攻撃に使用しうる。このような際には在日米軍は日本を防衛できない。その際には日本はワシントンとの同盟に依存できず、日本は独自の報復用核兵器の開発を決定するかもしれない」(筆者訳)

西原氏はその結果、日本国内で、被爆国として核兵器を廃絶すべきと主張する層や、防衛関係者から、批判や懸念の表明を受けた。このエピソードは日本で核問題に関し真剣な議論ができないことを示す具体例である。

核兵器保有は日本の安全保障拡大に利さない

日本が核兵器保有の問題を考察する客観的環境は次の三つである。

（1）隣国は核保有国である
（2）国際的な安全保障問題の核心は核兵器である
（3）わが国は核兵器の対立構造の中にある

さらに、安全保障の純理論面から見れば、核保有には十分な根拠がある。

第七章のキッシンジャーなどの議論で見てきたように、核攻撃を防ぐ最終的保障は、攻撃国が他の国を攻撃して得るメリットよりはるかに大きい被害を受けることである。軍事的には相手に耐えられない報復を与えることが唯一頼れる手段である。この手段を他国に頼るのでなく、自国で保有するというのは論理の展開として当然である。軍事理論に特化すれば、自分の国で核を持とうという考えが出るのは自然と言えよう。

逆に言えば、それだからこそ、米国は日本の核兵器保有を懸念し、日米間安全保障の取引で、日本に攻撃能力を発展させないことを含めたのである。日本を守るのは何も米国が善意で行っているのではない。日本の核兵器保有を防ぐことを目的の一つとしている。米国が日本を守る姿勢を示すことは、第一義的には米国の国益のためである。

米国が他国の核兵器から日本を守るという建前を降ろせば、日本が核兵器開発の道を歩む可能性がある。米国はこの道は封じなければならない。

では逆に日本にとり、この禁じられた道を開放することが正しい選択なのか。自国の核での報復力を持つことは軍事的利点を持つ。しかしこの利点は、核武装の是非を考慮する要因の一つにしかすぎない。

第一に、核戦略の原則として、核保有国である敵が攻撃してくる際には、核を使用する可能性が高いことがあげられる。核を保有することは核戦争を覚悟せざるを得ない。

第二に日本に対して核攻撃する際には、東京など政治・経済の中心部に対する攻撃が主となる。日本は周辺国に比し、わずかな都市に政治・経済の集中が進み、核攻撃に極めて脆弱である。たとえばロシア・中国は日本に壊滅的打撃を与えうる。その一方で日本は、ロシア・中国の広大な地域からして壊滅的打撃を与えられない。日本が核保有の選択を模索する際の最大の弱点である。

第三に核兵器を保有するとなると、日本国内に、部分的勝利が達成できるとか、座して死を待つより打って出ようとか、とりあえず日本が反撃し、後を米国に託そうと主張する人物が出てくる。山本五十六的論理である。後述する敵地攻撃論において日本の自衛隊OBの中に、すでにその萌芽が出ている。

以上より筆者は日本の核兵器保有に否定的である。

では、米国の核の傘の下で万全か。これも万全ではない。

第七章のキッシンジャーの議論で見てきたように、核戦略の中で、核の傘はじつは極めて危うい存在である。米国が日本に核の傘を提供することによって、米国の都市が攻撃を受ける可能性がある場合、米国の核の傘は、ほぼ機能しない。

重要なのは、ロシア・中国などが米国の核の傘があると思うか否かである。概念の問題である。もし、ロシアや中国がキッシンジャーの理論を信ずれば、日本には核の傘はない。日本は完全な核の傘の下にはないことを前提に安全保障政策を考えねばならない。

大きく異なる日米の対北朝鮮観

北朝鮮の場合はどうなるか。北朝鮮問題の最大の問題点は、北朝鮮の脅威およびその戦略的重要性の認識が、日米間で大きく異なることである。今日、日本の安全保障を語るとき、北朝鮮関連がほとんどである。日本は北朝鮮の脅威を深刻にとらえている。しかし米国は北朝鮮を常に深刻にとらえるとは限らない。歴史上その例はいくつかある。

①朝鮮戦争前の米国の認識

この時期、米国は朝鮮半島に対して低い評価しか与えていない。その代表例が一九五〇年一月一二日ディーン・アチソン国務長官の「中国の危機—合衆国の検討」演説である。この中で、アチソンは次のように述べた（『アチソン回顧録』恒文社、一九七九年）。

「アジアでの侵攻に対する防衛線はアリューシャンから日本、琉球からフィリピンに至る。太平洋における他の地域の安全保障に関する限り、何人《なんぴと》もこれらの地域を軍事攻撃に対して保障し得ないことは明らかである」

このアチソン演説を、米国の防衛線から朝鮮半島を除外したものと受け止めた誤解が、朝鮮戦争勃発の一因とも言われている。

②北朝鮮のテポドン発射時期における米国の動向

一九九八年八月三一日、北朝鮮は日本列島を飛び越えるミサイル発射実験を行った。このテポドン発射は、今日の日本における北朝鮮への厳しい安全保障観を形成したと言ってよい。

ではこの時期、米国はどう対応しようとしたか。この時、筆者は国際情報局長で、米国の北朝鮮政策責任者と非公式に意見交換したが、彼は「自分にはテポドンでなぜ日本が騒ぐのかがわからない。北朝鮮のミサイル・ノドンはすでに実戦配備され日本を射程に収めている。ミサイルの危険はテポドン発射の前から存在している」と発言したので、筆者が「それはまったく違う。配備と実際に発射することでは意味合いが異なる。仮にキューバからミサイルが発射されてフロリダを横断したら米国人はどういう反応をするか」と反論したことがあった。

このようにこの当時、米国政府はテポドン発射をほとんど重視せず、同年九月五日、あたかもテポドン発射などまったくなかったかのように、米朝協議で暫定合意に達する。この中には北朝鮮に対する支援策も盛り込まれていた。この時期、日本政府はマデレーン・オルブライト国務長官を翻意させようと必死の外交を展開した。

③米国世論の北朝鮮に対する危機認識

米国世論は朝鮮半島での軍事力使用に前向きではない。シカゴ外交評議会が二〇〇四年実施した調査では、北朝鮮が韓国を攻撃した際、八九％の韓国人は米軍が応戦すると思っている。他方、米国民の四三％が応戦を支持し、五一％が応戦に反対している。

こうして見れば、中・長期的には日本が北朝鮮の脅威を深刻にとらえ、米国は脅威を軽く見る可能性がある。二〇〇八年、拉致問題に対して日米間に認識の差が出てきたのも、北朝鮮に対する危機認識の違いが背景にある。

米国の北朝鮮政策を読み違える日本

米国の北朝鮮政策はなぜ激変するのか。米国から見ると北朝鮮自体の戦略的重要性は高くない。したがって、その危険を無視する傾向が根底にある。他方、北朝鮮は隣国に中国、ソ連を擁する。時々の米国の対ソ連・中国政策の重要度に応じて、米国にとっての北朝鮮の重要性は変わる。これが歴史的背景である。では冷戦以降はどうなってきたか。日本政府はこの状況をしばしば読み違え、北朝鮮問題を発端に米国と摩擦を起こしている。時系列的に整理してみよう。

(1) 冷戦後の米国戦略形成期

第三章で、ソ連の崩壊後、ロシアの脅威が減少した中で、米国はイラン・イラク・北朝鮮の脅威を軸に戦略を形成したのを見た。しかし、この認識は米国特有の必要性から生じたものである。日本国内では米国と同程度に北朝鮮の脅威を強く認識していたわけではない。当然、米国は日本政府の対北朝鮮観に不満を持つ。第四章で、細川総理が米国訪問をした際に武村官房長官が問題だと指摘されたことを、小池百合子議員の論評で見た。二〇〇九年二月時点での同議員インターネット・サイトでは、『正論』二〇〇二年七月号掲載の「細川首相退陣の引き金は『北朝鮮有事』だった」と題する論評を掲げているので次に引用する。

「九四年二月一二日夜、日米包括協議のためにワシントンを訪問中の細川護熙総理から、私の東京での居所である高輪の衆議院議員宿舎に電話が入った。受話器からは、意外な名前が飛び出した。

『武村さんは問題だっていうんです』（中略）

日米包括協議『決裂』というこれまでの日米交渉にはない厳しい結果を迎える一方で、ワシントン滞在中の細川総理は、アメリカの政府高官から北朝鮮情勢が緊迫していること、朝鮮半島有事の際の日本の安全保障上の問題点を指摘された。（中略）ホワイトハウスが抱く最大の不安は、朝鮮半島にからむ情報が、日本と共有するにあたって、他へ漏れる恐れがあることだった。日本の中枢、他でもない総理官邸におけるナンバー2、武村官房長官から北朝鮮へ流れるのではないか、との不安だという」

小池議員が論評の標題で「細川首相退陣の引き金は『北朝鮮有事』だった」としているように、北朝鮮問題に対する日米間認識の違いが細川総理退陣の引き金となっている。

(2) クリントン政権後半における米国融和政策

クリントン大統領は基本的には冷戦終結以降形成された戦略を踏襲したが、軍事戦略には熱心でない。むしろ中国との関係緊密化をめざしている。この過程で北朝鮮政策も融和政策に変化し、これが前述の②北朝鮮のテポドン発射時期における米国の動向の項で見たように、北朝鮮に関する日米政策の摩擦として現れる。重要なのは、この時期の対立は、強硬姿勢をとる日本と融和政策をとる米国の対立という図式であることだ。

(3) 同時多発テロ事件後、対北朝鮮強硬路線に転ずる米国と融和を求める小泉総理

クリントン大統領時代、米国は北朝鮮に対して融和政策をとっていたことを認識していた日本政府は若干の時差をおいて、テポドン発射事件直後の対北朝鮮強硬路線から、融和政策の模索に転ずる。これが二〇〇二年九月の小泉総理の電撃的北朝鮮訪問につながる。この訪問に先立ち、日米間では密接な協議が行われていない。

他方、米国の北朝鮮政策は、九・一一同時多発テロ事件後、クリントン大統領後半期の融和政策から百八十度方針を転化した。ブッシュ大統領は二〇〇二年一月二九日、一般教書で「北朝鮮は、自国民を飢えさせる一方で、ミサイルや大量破壊兵器で武装している政

権である」と位置づけた。

これにともない、米国は北朝鮮に関する軍事作戦を更新している。Global Security Org.は対北朝鮮軍事作戦ＯＰＬＡＮ５０２７について次の記述をしている（筆者訳）。

「二〇〇二年二月、米軍は九・一一テロ攻撃を受けて、ＯＰＬＡＮ５０２７を更新していると報じられている。この更新においては、金正日を排除するのに必要な対北朝鮮軍事力の行使をも含んでいる」

さらに重要なことは、米国は日本・韓国首脳が北朝鮮と友好的話し合いを持つことに否定的態度を示していることだ。ビクター・チャは二〇〇四年から〇七年まで国家安全保障会議アジア部長を務めた朝鮮半島問題の権威であるが、彼は〇二年「ブッシュ政権の対北朝鮮強硬策の全貌」（『論座』六月号）を発表、この中で、ブッシュ政権の政策について「軍事力を用いた戦闘が起きるかもしれない」としている。そして「ワシントンは韓国、日本、その他の地域諸国と連携して平壌を封じ込め、金正日が兵器開発をあきらめるまで和解には応じない」とする政策を有力な選択肢とし、「日本も韓国も、北朝鮮側に『意味のない首脳会談路線を超えた誠意を見せる必要があること』を強く認識させるうえで重要な役割を担い得る」としている。チャは米国が核兵器開発停止につながらない日朝首脳会議に反対の姿勢であることを明確に示している。日本に対する極めて強い警告である。

小泉総理の訪朝は、事前に米国と十分な調整をしなかっただけではない。小泉はイラク、イランと並びブッシュ大統領が重視する北朝鮮について、真っ向から反対する政策を実施したことになる。結果はどうなるか。手島龍一氏の「小泉訪朝　破綻した欺瞞の外交」(『文藝春秋』二〇〇七年三月号）の記述は真実に近いものだろう。

「小泉首相は、ここ（注：ザ・ウォルドルフ・アストリアのプレジデンシャル・スィート）でブッシュ大統領と向き合っていた。二〇〇二年九月一二日のことだった。（中略）小泉・ブッシュの友情は、キャンプデービッド山荘の出会いから始まった。（中略）だが、その日の小泉・ブッシュ会談はどこか冷めた感じが否めない。ブッシュの表情も心なしか硬かった。

小泉は冒頭で訪朝に触れ……ブッシュの理解を求めた。（中略）

このときブッシュは、隣に座っていたパウエル国務長官に冷ややかな視線を投げた。君が応答しろ、と無言で促したのだ。パウエルが大統領の意を察して引き取った。

『われわれは、北朝鮮が核開発をいまだあきらめていない証拠を握っています』

毅然とした物言いだった。大統領は表情を動かさない。プレジデンシャル・スィートにひんやりとした空気が流れた」

結局チャの予測どおりの展開となった。小泉総理は米国がこんなに激しい反応を見せるとは思っていなかったに違いない。しかし、米国の変化を学んでいれば、当然予測出来る結果であった。

小泉総理の外交姿勢の一つが、緊密な米国との関係維持である。小泉総理はブッシュ大統領の意に反する形で北朝鮮訪問を行った代償として、その北朝鮮外交を貫徹できない。さらに、この後、他の分野で、密接な対米路線を打ち出す必要に迫られる。同時に、拉致問題を中心に、北朝鮮に対して安易な妥協をするべきではないと主張した安倍晋三官房副長官は、米国関係者の中で評価を高めていく。

(4) 対北朝鮮強硬路線を放棄するブッシュ大統領

二〇〇三年の時点では、ブッシュ大統領はイラク戦争を世界各地での民主化の始まりと位置づけていた。

しかし、イラク戦争の泥沼化が続く。全軍事力をここに投入する必要がある。北朝鮮への軍事介入という選択肢は消滅した。こうした中、むしろ、朝鮮半島問題の沈静化が必要であり、六者協議が中心となってくる。他方、〇六年九月に内閣を発足させた安倍総理は、拉致問題を最重要問題と位置付けている。米国は、一時、拉致問題を重視する安倍氏を重用したが、次第にお荷物になる。

以上、米国と北朝鮮の関係を見た。日本国内には、米国との関係を最重視するのが外交の柱と見る層が多い。実は、その実行はそう容易でない。ブッシュ大統領という同じ大統領のもとでも対北朝鮮政策は百八十度変わった。米国は「われわれの外交はこう変化しましたよ」と常に教えてくれるわけではない。米国との関係を最重視するのが外交とすればするほど、実は、米国外交を絶え間なく学び続けなければならないのである。

ただ、近年インターネットの普及によって、米国に関する情報は飛躍的に入手が容易となった。米国においては外交政策を変更する際には世論工作をするのが通例である。したがってこれを丁寧に追いかければある程度その動きがわかる。その際大切なのは、出来る限り、政策の善し悪しの価値判断を持ち込まないことであろう。政策の善悪の基準を持つと、情勢分析の目が曇る。

敵地攻撃論は有効か

最近、日本国内で敵地攻撃論が議論され始めている。二〇〇六年七月一〇日、読売新聞は「敵基地攻撃能力の保持　防衛長官『検討を』」との標題の下、「額賀防衛長官は9日、北朝鮮の弾道ミサイル発射を踏まえ、日本として敵基地攻撃能力保持を検討すべきとの考えを明らかにした」と報じた。

二〇〇七年二月一五日付「隊友」紙は、「敵基地攻撃」と題する村木鴻二元空幕長の「敵地攻撃論」を掲載した（要約）。

「『敵基地攻撃』をめぐる論議は昭和31年に始まり、『わが国に急迫不正の侵害が行われ、他に手段がない場合、誘導弾などの基地を叩くことは自衛の範囲に含まれる』とされている。しかしわが国が攻撃能力の具体化を避けてきたのは『専守防衛』政策による。日米同盟による抑止は必要不可欠であるものの、全面的に米軍に頼っている攻撃力の行使には諸々の死節時間が存在する。先制的自衛権の行使の判断が問われる」

村木元空幕長の論理は、自己完結型の防衛政策の上に立っての敵地攻撃論ではない。米国が後を引き取ってくれるとの完全な信頼の上に立つ敵地攻撃論である。

では、現実に日本は敵地攻撃を行える能力を持つのか。答えは否である。まず、相手のミサイル配備状況を十分に把握できない。次いで、攻撃の際、航空、海上、上陸後の爆発などの手段が想定されるが、これを効果的に実施しうる能力がない。かつて安全保障に関する内輪の研究会で、元防衛事務次官が「日本自衛隊の戦力には凄いものがある。中国・ロシアといえども侮れない。でも日本単独では行動できないようになっている」と語っていた。要は日本の国防は、一本立ちできないシステムになっている。

「敵基地攻撃」は基本的に先制攻撃である。先制攻撃をされた国は残りの総力をあげて反撃する。したがって攻撃する国は、先制攻撃によって相手国の九割程度の攻撃能力を破壊することが必要となる。しかしそれは実現不可能である。かつ敵基地攻撃は北朝鮮だけに該当する議論であって、中国、ロシアにはまったく該当しない。先制攻撃をした後の展開についてまったく能力を持たない国が先制攻撃能力だけを持とうとするのは極めて危険である。これは山本五十六的考えの延長線上にある。

ミサイル防衛は有効か

日本ではいま、ミサイル防衛が国防の柱になりつつある。このシステムにどこまで日本の安全保障を確保する役割を期待できるのであろうか。その前にミサイル攻撃は何を意味するか見てみたい。

筆者は一九八六年から八九年にかけてバグダッドに赴任したが、赴任当初イラクはイランと戦争の真っ最中だった。この時期最も脅威に感じたのは、イランのミサイル攻撃である。突然ドーンという音が鳴り響く。この音を聞き、今回も生き延びたかとほっとする、そういう日々だった。在イラク日本大使館は被害状況の確認を任務とした。五〇〇キロ爆弾とか一トン爆弾とか言われたが、直撃すれば建物が倒れ、建物内の人は死ぬ。しかし国全体としてみれば被害は大きくない。ミサイルが真に怖いのは核弾頭を搭載した場合である。したがってここでは、核弾頭を搭載した際のミサイル攻撃を想定して論じたい。

ミサイル防衛はどこまで有効に機能するか。筆者は期待できないと判断する。筆者の見解に近いものに、クリントン政権で国防長官を務めたウィリアム・ペリーの考え（「次なる攻撃に備えよ」『フォーリン・アフェアーズ』日本語版、二〇〇一年一〇月号掲載）があるので、関連部分を抜粋、要約する。

・（米国は）抑止だけに依存するのは賢明でないとして米本土ミサイル防衛（NMD）システム開発を表明した

・実際の攻撃の場合には、おとり弾やレーダー探知妨害用金属片、レーダー攪乱《かくらん》、あるいは核によるレーダーの機能不全化など、技術あるいは戦術的な対抗措置を通じて相手はNMDシステムをかいくぐろうとするだろう

・歴史的に見て、向かってくる爆撃機を撃墜できる確率は三〜三〇％である。もちろん、対空防衛と弾道ミサイル防衛を比較するのは問題がある。しかし、弾道ミサイルを迎撃する方が爆撃機を撃墜するよりも簡単だという議論を、説得力をもって展開するのは難しい

・ミサイル防衛システムが巡航ミサイル、爆撃機による攻撃に対しても実質的に無力

であることを認識すべきである。この制約を認識できなければ、間違った安全保障概念に道を開き、防衛の優先順位の付け方を間違えてしまう。一九三〇年代、ドイツの侵攻からフランスを守るために築かれた国境防衛線マジノラインはフランスの優先順位を見誤らせた。マジノラインが機能しなかったのは、計画や守り方が悪かったからではなく、ドイツ側が迂回する戦略をとったからである

・弾道ミサイル防衛に大規模な資金を投入しても似たような運命をたどる。敵対国は対抗措置を講ずるだけでなく、大量破壊兵器を飛行機、巡航ミサイルに積み込んで防衛システムを迂回できるのだから

米国は潜在的脅威国とかなり距離がある。迎撃の準備態勢を整える時間がある。この米国ですら、ペリーはミサイル防衛の実効性に、疑問を持っている。日本は相手がミサイルを撃って数分で反応しなければならない。ある米国関係者は、撃ち落とせるのはまだミサイルが最高速度に至っていない最初の二分間が勝負と言う。その際は現場兵士の瞬時の判断に依存する。ミサイルはまだ相手国領空内である。

さらに核攻撃を行おうとする際には、ミサイル、航空機等様々な手段を使って攻撃をかけてくる。これらの敵の核攻撃に対し防御を築くのは技術的にほぼ不可能であろう。

ミサイル防衛がマジノラインくらいの信頼性を得る可能性はない。立派なマジノラインを築きましたといっても、迂回攻撃があれば何の意味もない。日本がミサイル防衛に巨額の資金を投入することは、間違った安全保障概念に道を開き、防御の優先順位の付け方を間違う可能性が高い。

敵地攻撃論にせよ、ミサイル防衛にしろ、議論は安全保障という全体の中の部分の効用を論じている。敵は誰なのか、如何《いか》なる兵器での攻撃が想定されるか、それに対応するにはどうするかという全体論なきままの議論である。

近年の日本国内での安全保障論議は北朝鮮に集中している。北朝鮮は潜在的脅威を与える一国である。しかし、日本に対する潜在的脅威はロシアもあり中国もある。両国は軍事的にははるかに強力である。ロシア、中国には適用できず、北朝鮮にのみ適用できる手段を国の防衛の中核にすべきではない。敵地攻撃、ミサイル防衛のいずれも、中国、ロシアを仮想敵国として想定した場合においては、無力である。

軍事以外の抑止手段は不在なのか

これまで日本が核保有の道を進むのは合理的か、米国の核の傘で万全か、敵地攻撃論は有効か、ミサイル防衛は有効かを見てきた。

こうした論点を見ていくと、近隣の核保有国が日本に核攻撃をしようとしたら、確実な軍事的対抗措置はまずない。日本は極めて不安定な状況の中にいる。

では、日本として打つ手がないのか。キッシンジャーの説明をまた見てみよう。

「抑制とは、得られる利益とは釣り合わないリスクを押しつけることによって、相手にある行動方針をとらせないようにする試みである」

日本独自の軍事力で抑止はできない。では抑止できる可能性はないのであろうか。

攻撃で得られるものと失うもののバランスという視点で見ると、近隣諸国からの核攻撃に対する抑止は非軍事の分野にある。

今日、いかなる国家も、国民の支持なしには国家運営は行えない。その際、国民の生活水準を向上させることが常に求められる。どの政権も生活水準の劇的悪化には耐えられない。

軍事攻撃の際は相手国との経済関係が途絶える。たとえば中国に関しては、日本に対する輸出量は二〇〇八年四月で一兆二六八二億円であり、年間一〇兆円以上の対日輸出がある。これに壊滅的な悪影響が出る。経済交流が数年にわたり影響を受けることを考えれば数十兆円になる。さらに、国際社会が無謀な攻撃を行う国に経済制裁を行う。これを考慮すれば、攻撃により中国自体が被る経済的マイナスは数十兆円以上の規模となる。この規模に中国の企業、労働者が張り付いている。とてもこの経済悪化を受け入れられない。

こう考えると、抑止力は軍事に限らない。日本が近隣諸国と緊密な経済関係を構築し、相手国の企業、労働者がこの経済関係に死活的利益を見出す状況を築くと、この利益が否定されれば、利益を否定された中国の人々が中国の国内政治で指導部を揺さぶる。日本自らが軍事的な抑止力を発揮するのではなく、中国経済への打撃という迂回手段で、大きな抑止効果を生み出す。

安全保障に関心ある読者から、ナイーブ（無邪気）な議論をしていると批判されそうだが、この論の採用は筆者のみではない。米国防省もほぼ同様の見解を持つに至った。次の米国国防省年次報告「中国の軍事力2008」をご覧いただきたい。

「政権の生き残りと共産党の原則の永続化が中国の指導者たちの戦略的な展望を形成し……中国共産党は政権の正当性の基盤として経済的な成果とナショナリズムに依存してきた。しかしながらそれぞれが……危険性をはらんでいる。

例えば中国の指導者たちは世論を操作し……反日デモなどや……愛国心を掻き立ててきた一方で、彼らは抗議が一旦始まれば制御困難になり得ることに気づいている。（中略）

中国の経済成長のレベルを維持するために、（中略）中国の指導者たちは2国間及び多国間の政治的協調を世界規模で強化している」

中国指導者にとって、経済的打撃が政権維持のためには極めて大きな危険要素となっている。

キッシンジャーは、抑制とは、得られる利益とは釣り合わないリスクを押しつけることによって、相手にある行動方針をとらせないようにする試み、と定義した。彼はこれを軍事の枠組みの中で考えている。しかし抑止は軍事面のみで達成しなければならないわけではない。経済分野でも攻撃によって得られる利益以上の被害を相手に与えればいい。

密接な経済関係はこのリスクをすでに用意している。かつ中国が考えなければならないのは日本だけではない。日本以外の国との関係で、日本に対する核攻撃がいかなる影響を与えるかを考慮する必要がある。

グローバリズムと抑止効果

国際社会におけるグローバリズムの深化が、じつは戦争抑止に重要な役割を果たしている。グローバリズムが戦争抑止になることを説いた本に、ジャーナリストのトーマス・フリードマンの『レクサスとオリーブの木』(草思社、二〇〇〇年)がある。彼は、経済の発展と繁栄は国家間の平和に繋がる、として「国の経済が、マクドナルドのチェーン展開を支えられるくらい大勢の中流階級が現れるレベルまで発展すると、そこはマクドナルドの国になる、と規定する。マクドナルドの国の国民は、もはや戦争をしたがらない。むしろ、ハンバーガーを求めて列に並ぶほうを選ぶ」と記述する。

もちろん、ここでいうマクドナルドは象徴として使われている。現在の経済的潤いを犠牲にしてまで、戦うものがどれほどあるのか、との問いである。

『レクサスとオリーブの木』と米国国防省年次報告「中国の軍事力2008」は、まったく異なる分野の人間が行った分析である。しかし、経済発展と経済的相互依存関係の促進は戦争抑止に繋がる、という点では同じ結論に達している。

グローバリズムを説明する別の流れに、マイケル・ハートとアントニオ・ネグリ共著の『帝国』（以文社、二〇〇三年）がある。筆者が要約した彼らの主張点は次のようなものである。

「かつての『帝国主義』時代は宗主国と植民地が存在し、国家単位で支配するものと支配されるものが決まっていた。現代の〝帝国〟は、世界的支配体系として成立している。統治形態には第一にグローバルな司令塔層がある。主に軍事レベル、通貨レベルでヘゲモニーを持つグループがある。俗に『金融マフィア』といわれるグループがいる。これらの人々は他国の同じメンバーと共に、『帝国』の司令塔の一員として位置づけられる」

アラン・グリーンスパン元ＦＲＢ議長の『波乱の時代』（日本経済新聞出版社、二〇〇七年）

では、朱鎔基前首相や周小川人民銀行総裁は、グリーンスパンの同僚として扱われている。彼らはハートとネグリが述べる帝国の支配層の一員である。中国の指導者の中に、明確に国際的視点で判断する層が形成されている。この層には、中国の軍事攻撃が中国経済、ひいては政治・社会に大きなマイナスをもたらすことが見えている。

こう見ると、軍事攻撃の抑止は軍事だけによるのではない。国際経済の一員としての立場が自らを規制する。

中国はすでにこの段階に入っている。この認識はロシアよりはるかに強い。二〇〇八年八月、ロシア軍は南オセチア問題でグルジアに侵攻した。中国とロシアでは経済構図が根本的に異なる。中国は市場経済を基盤とする工業国の段階に入った。ロシアは異なる。ロシア経済は石油等の資源価格の高騰で潤った。しかし、工業はソ連崩壊後の独立時の混乱で壊滅状態になった。この時からほとんど回復していない。資源国として生きるロシアは国際社会の報復を無視できる。ロシアはサダム・フセインが国際社会の報復に対してさしたる考慮をせずにクウェートを攻めたのと同じ思考をとりうる。

そうした眼で、北朝鮮問題を考えると、北朝鮮を早期に国際社会の一員にするとともに、彼らが軍事行動によって失うものを作っていくことが日本の安全保障に繋がる。

自分たちと敵対する国をできるだけ国際経済の一員にし、日本がその中で尊敬される位置を占めること、じつはこれが極めて有効なわが国を守る手段である。

第三章で一九九四年の樋口レポートと、それに対する米国側の反応について見た。米国側は、樋口レポートを日米安保条約の弱体化を図る動きであるとして警戒したが、レポート作成の中心的役割を果たした西広元防衛事務次官の信念は、冷戦後の安全保障は、いかに敵を減らし、味方を増やすか、というものだった。経済的相互依存関係の深化が安全保障に繋がるという考え方も、西広氏の考えと同一線上にある。

国際的に高い評価を得る日本

国際的に尊敬を得る地位を獲得するという点では日本は極めて有利な地位にいる。次ページの表は二〇〇六年二月にＢＢＣがWorld Public Opinionと共同で行った世界の世論調査である（注：〇七年の調査は対象国が若干減少したがほぼ同様の傾向を示している）。

日本に対する好印象はどこから来ているのか。二〇〇七年三月に外務省が英独仏伊で行った調査では、日本のイメージは豊かな伝統と文化、強い経済力と技術力、美しい自然の国である。また、「日本の国連安保理事国入りを支持するか」の問いで肯定的に答えたのは英国で六四％、フランスで六九％、ドイツで五七％、イタリアで七七％だった。英仏伊はその理由として、経済大国として日本が安保理に入ればその機能の効率が強化されるこ

国　　名	日	仏	英	インド	中国	ロシア	米	イラン
肯定する国	31	28	26	22	20	13	13	5
否定する国	2	4	5	6	10	16	18	24

＊日本に関して、否定する２ヵ国とは、中国と韓国である。

世界主要34ヵ国(各大陸)が各国の影響力拡大をどう評価するか(国数)

国名	加	英	独	仏	ブラジル	エジプト	トルコ	インドネシア	韓国	中国
日本	62	57	54	47	73	—	42	85	44	16
米国	34	33	16	24	29	11	7	40	35	28

各国ごとに日本と米国の影響力拡大を何%が肯定的に見ているか(%)

とをあげ、ドイツは安全保障・平和に貢献するとした。ここでも、米国識者によってしばしば言われている「日本が軍事力を行使する国にならなければ、安全保障理事会常任理事国には歓迎されない」という議論は、必ずしも広い国際世論を反映したものではないことがわかる。

ＢＢＣの調査では、世界の主要国の中で、日本が国際的に最も歓迎されている国という結果を示した。もちろん、この世論調査は調査対象国が三四ヵ国で、世界中を網羅した調査ではない。しかしそれぞれの大陸の代表的な国を対象としている。日頃、日本への米国の圧力や、中国、韓国の否定的対応についての報道に慣れ親しんできている日本人の多くは、日本は国際的に評価されていないと思っている。しかし各大陸の代表的三四ヵ国という、より国際的に広範な層から見ると、日本が最も肯定的に見られる国なのである。

日米関係で日本の軍事的役割を増大させようとするグループは、日本が軍事的役割を果たす「普通の国」にならなければ国際的評価は得られないと説く。しかし国際的世論調査を見れば、その議論が正しくないことがわかるであろう。

かつ、日本と米国の影響力拡大を何％が肯定的に見ているかの数字（表下）を見ていただきたい。日本に対する好感度は、米国に対する好感度を圧倒的に上回っている（中国を除いて）。日本に対する好感度は、日本が米国と同じ政策をとってきたからではない。それは米国に対する評価が極めて厳しいことを見れば歴然としている。日本が米国の戦略と一体化していくことは、日本の評価が米国に近づくことを意味する。その際には世界のほとんどの国で対日好感度を下げる結果となろう。

米国国防省年次報告「中国の軍事力2008」を再び見てみよう。この中には「中国共産党は政権の正当性の基盤として経済的な成果とナショナリズムに依存してきた。（中略）中国の経済成長のレベルを維持するために、（中略）中国の指導者たちは2国間及び多国間の政治的協調を世界規模で強化している」という記述があった。

日本が多くの国から最も好ましい国の一つと見られているときに、中国が日本を攻撃することは、中国の目指す二国間及び多国間の政治的協調を世界規模で強化する方向に反する。国際社会の好感度という一見安全保障と関係なさそうな要因も、高度にグローバル化の進んだ世界では有効な抑止手段となる。

日本独自の道を再評価する必要性

戦後の日本は、自らの選択ではなかったが、軍事を捨て経済に特化するというモデルを採用した。結果として、グローバリズムが深化し、経済の相互依存性が高まる中で、この行き方が自国の安全を確保する手段となっている。これはキッシンジャーなどが予想しなかった安全保障政策である。

振り返ってみると、戦後日本は国家の行き方として新しいモデルを構築した。そして日本は自己の経済力を高めるにつれ、外交を活発化させた。その中で自己のモデルを他国に押しつけてはいない。しかし、日本と同じモデルを志向するなら、その自助努力を支援する態勢をとった。恵みではない。支援である。

今日、日本くらい、国内秩序が優れた国は世界中にほとんどない。昭和三〇年代（一九五〇年代後半〜六〇年代前半）の日本は、経済成長の過程で、鉄鋼や自動車など重要産業分野で国際水準に追いつく努力をする一方、弱者を国際的にも国内的にも見捨てなかった。国内では、地方、農村、中小企業等弱者支援のシステムを作った。国際的には、円借款で発展途上国が自ら立ち上がるのを助けた。一九六〇年前後、日本は自分自身が苦しい中、懸命に弱者の国を救うシステムを作った。円借款もその一つである。弱者の立場に立った者に暖かい目を向ける、仮に現時点で非難される所があっても、前に進む余地があれば助けるという姿勢が、かつての日本外交にはあった。

一九八一年、ヤーセル・アラファトPLO議長を国賓待遇で最初に招待したのは日本である。国際的非難の中にあるカンボジアやミャンマーにも支援の手を差しのべた。

一九八九年の天安門事件後、G7で閣僚級の中国への親善訪問を禁止したとき、親善ではなく交渉であるとして、G7の閣僚で最初に中国を訪問したのは橋本龍太郎蔵相（当時）である。その黒子役に大蔵省の千野忠男氏がいた。橋本蔵相は九〇年二月の予算委員会で、「天安門事件で、世界的に厳しい世論が中国に向けられた。その時期におきましても、たとえばアルシュ・サミットにおきまして日本政府は中国を孤立化させてはならないという主張を繰り返し、努力を続けてまいりました」と答弁している。九三年にはイスラム原理主義の国家として警戒されていたイランに円借款を供与した。

かつての日本外交は、悪と判断された国も切り捨てるのでなく、西側の価値観を共有できる国へ誘導することを目指した。この努力は今日の日本に対する好意的視線を形成する上で貢献した。

支援の中核となる円借款の貴重な資金源は郵便貯金であった。しかし、日本は郵政を民営化した。地方、農村、中小企業等の弱者支援のシステムは今後崩壊していく。われわれは本当に弱者救済のシステムを捨てなければならなかったのであろうか。将来、弱者切り捨ては社会不安として必ず反動が出てくるだろう。

過去の日本的行き方は国際的にも評価されてきた。世界で最も望ましいと見られる行き方かもしれない。日本が持つ日本的なものの価値を見直してもよいのではないか。

日本への好感度は国の安全保障分野に影響を与えるのみではない。敗戦後、日本に対する政治的評価の厳しい時代、国際社会に出て行った人は、日本の否定的イメージを背負い苦労した。今日、日本人は海外での商談や安全面や個人的つきあいで、日本の好感度の恩恵をいかに受けているか。逆に、日本以外の国民で自国ブランドの評価が低いため、不当に扱われたと嘆く人は多い。個人や企業は、各々の資質や能力を超えて得る日本というプラス・イメージの価値を理解し、その育成に積極的になっていいのではないか。

欧州との協力が選択肢の一つ

日本の安全保障の中核と位置づけられてきた日米安保条約については、筆者はここまで、日米同盟は従来の日米安全保障条約の通り、極東を中心に運営するのが望ましい、米国の今日の戦略の下では共通の戦略で世界に展開するのは疑問であるとの考えを述べた。

では安全保障面で国際的に対応しなければならないときにはどうするか。

この問題には三つの選択肢がある。第一に米国主導の戦略を常に受け入れること、第二に国連主導の方針を受け入れること、第三にＮＡＴＯのように西側の価値観を有している国々の国際的機関との連携を強めることである。

今日のように、米国が軍事力で世界の体制を変革し、ときに先制攻撃、予防戦争まで実施することを考えると、日米の共通の戦略を米国の戦略にそのまま合わせることには疑問がある。米国と一体化の道を進む際、米国は日本の危険の負担を前提としている。この危険の負担が現実のものとなったとき、日本社会は初めて逡巡《しゅんじゅん》することになろう。

次いで国連との協調を強めるという選択がある。国連は機能しないとしばしば言われるが、必ずしも正確ではない。明確な脅威があるときには機能している。サダム・フセインがクウェートに侵攻したとき、九・一一同時多発テロでアルカイダに基地を提供したアフガニスタンへの攻撃が開始されたとき、などはいずれも、国連決議がなされた。フセインに対しては一九九〇年代に国連が主導し、大量破壊兵器をほとんど破棄させた。日本で一般的に言われている以上に国連は機能している。

ただ安保理常任理事国のロシア、中国が拒否権を有する。近年両国とも自信をつけてきた。この両国が強い利害を持つ場合に、西側の理念を国連の決議として追求できない恐れがある。たとえば二〇〇八年、ロシアは南オセチア問題でグルジアに軍隊を出し、西側の反対にもかかわらず軍隊を留めおいた。ロシアは安全保障問題で西側と異なる道を歩み始めている。したがって、国連ですべては処理できないという議論は十分根拠がある。

日本が可能性をもっと追求してよいのは、NATOとの協力関係だろう。日本は欧州諸国とは政治の民主化、経済の自由化という共通の目標を分かち合っている。

欧州と米国で構成している軍事組織NATO内では、一方で米国は軍事力を利用し世界の軍事的環境を変えるのを正しいと確信しているが、他方において、ヨーロッパは力を越えて、法律と規則、国際交渉と国際協力の世界に移行した状況にある。

この米欧二つの潮流の中、政治の民主化、経済の自由化という共通の枠組みの中で互いの妥協を図っているのがNATOの現状である。

もちろんNATO諸国内には、欧州の一体化を最優先したいという空気がある。域外国である日本とNATOの正式な協調には難しい面がある。しかし、日本はNATO等欧州の決定を重んじ、これにできるだけ協議していくという方法がある。

第五章で、カナダがイラク戦争への不参加を決めたことについて見た。カナダは単独であってもこの立場を貫いたかもしれない。しかし、同時にカナダはNATO加盟国である。独仏の反対もあり、NATOとしてイラク派兵の決定はできない。カナダはこのNATOの状況を知り、イラク戦争への不参加によってカナダが被る米国からの報復を防いだ。独自路線を貫きながら、NATO諸国と同じ立場をとるという形をとれば、米国の報復は限定的になる。ここに日本の活路がある。

現在日本は米国と安全保障をどうするかの岐路にある。米国の安全保障政策はしばしば激しく変化する。したがって米国が日本に何を求めるかも変化している。ブッシュ政権の対北朝鮮政策が典型で、二〇〇二年に米国は、日本に対して強硬な対北朝鮮政策に同調することを求めた。しかし米国は〇七年から北朝鮮との対話を重視し始めた。筆者は米国が戦略を変更するたびに米国に追随すればいいという立場はとらない。

ただ、米国に追随しない場合、何らかの報復を受ける可能性はある。そうしたとき、なぜわが国が追随を避けたか、そしてその政策が長期的、全体的に見て決して米国の国益にマイナスにはならないことを米国側に説明する必要がある。また欧州諸国がどう動いているかも見極める必要がある。

国際情勢と戦略を学び、米国に対処する重要性がますます高まっている。

おわりに

筆者は、混乱する国際情勢の中にあって、いかなる安全保障政策が日本にとり最も望ましいかを考えるために本書を執筆した。そのため、ケナン、キッシンジャー、マクナマラ、ワインバーガーさらにパウエルと、米国戦略を築いてきた人々の代表作を改めて読み返した。その中で、ブッシュ政権時の政策を頂点とする冷戦終結以降の米国戦略は、米国の伝統的戦略やドクトリンから大きく逸脱していることを痛感した。

今日、世界中の人々にとっての最大の関心事は、オバマ大統領が公約通り変革(CHANGE)をもたらすかどうかである。多くの人は米国が安全保障と経済の混乱から一日も早く脱却することを望んでいる。ちょうどオバマが勝利した瞬間、ボストンに出張していた彦谷貴子防衛大准教授は、この報に接して涙ぐむ米国インテリの中にいた。米国民は改革を熱望している。世界も熱望している。では彼は本当にそれができるのか。いくつかの懸念材料がある。

（1）オバマ大統領の唱える金融、安全保障の面で真の変革を実施するには、既存勢力との激しい戦いが必要である。そのためには理念のみでなく、戦いうる陣容を整える必要がある。それが出来ていないのではないか

（2）安全保障面では冷戦後の大きな潮流がある。米国は圧倒的軍事力を維持する方針を出したが、そのためには、ソ連に代わる脅威を必要とし、この中で一九九二年よりイラン、イラク、北朝鮮の危険性に対応する戦略を出した。これは十数年一貫して変わっていない。オバマが重視するアフガニスタンはイラクに代わる役割を果たすという意味で、従来の戦略の枠組みの中にある。大統領選挙中オバマは開設した自己のインターネット・サイトで、核の不拡散、特に対テロリスト、タフな外交、同盟再構築、イランの脅威の終焉《しゅうえん》、強い米・イスラエル関係、イスラエルの自衛権の支持といったことを謳《うた》っている。仮にこれらがブッシュ大統領のサイトにあっても違和感がない。これからすると、オバマ政権の米国安全保障政策は根本的変革を志向していないと見られる

（3）いまの米国の安全保障政策の要は中東政策にあると言ってよい。近年、米国の中東政策決定過程ではイスラエルの安全保障に対する配慮が極めて強い。スティーヴ

ン・ウォルト教授らはこれが米国の中東政策、米国の安全保障政策全体を歪《ゆが》めているとしているが、オバマはイスラエルと強い関係を有している。第五章で見たように、オバマは最初に行った人事で首席補佐官にラーム・エマニュエル、上級顧問にデヴィッド・アクセルロッドを指名した。こうした動きを見ると、オバマが安全保障政策の追求において、イスラエルの安全保障と米国の安全保障とは一体との前提で政策を遂行する可能性が高い

(4) オバマは改革を標榜《ひょうぼう》したため、アウトサイダーの印象が強い。しかし、彼の行き方の基本は米国の既存体制との協調にある。オバマ大統領の新陣営においては、民主党の既存勢力に属するグループの重用が顕著である。他方、米国政治体制の変革を主張したグループはほとんど主要ポストについていない

オバマ政権の新陣容に関しては様々なコメントがなされている。この中で象徴的なのは、カール・ローブ元ブッシュ大統領上級顧問が二〇〇八年一一月二八日にウォールストリート・ジャーナル紙で行ったコメントであろう。ローブはブッシュ大統領に最も影響力を振るっていた人物である。ブッシュ政権混乱の責任者と言っていい。この彼が「感謝祭のオバマからの贈り物」の標題の下、オバマ大統領の主要経済関係人事を絶賛した。さら

に、一一月三〇日付ニューヨーク・タイムズ紙は、マイク・マレン統合参謀本部議長がオバマとの会談後、会談は大変素晴らしく前向きのものであったと述べた旨報じている。オバマ大統領が大鉈《おおなた》を振るうことが想定された対象者から賛辞を得るのは何とも妙な話である。

もちろん、米国の安全保障政策が従来の路線の継続をすることで失敗するとは限らない。しかし、米国民はオバマが改革を行う人物であるとして投票した。だが、オバマの選択を見ていると、過去の政権の政策を継承する方向に動いている。この動きは多くの選挙民の期待とは異なっている。かつ重要なことは、ケナン、キッシンジャー、マクナマラ、ワインバーガー、パウエルらの叡智と異なるものであることだ。

安全保障面でのオバマの特色は、同盟国の協力を一段と求める点にある。かつて日本において日米関係に発言力を持ち、推進派と見られる人々、吉田総理、下田外務次官、猪木防衛大学校長などは、日米関係の重要性を認識する一方、日米に国益の違いが生ずるのは当然として、日米関係に安全弁をおくことに尽力した。今日の日本の政界官界の主流は、米国の要求をできるだけ実現するのが日本の国益と見なしている。これは日本の過去の行き方とは異なる。

ここで、現在の安全保障問題を離れ、本書に取りかかる前の筆者の気持ちを述べたい。

外交と軍事力は車の両輪と言われる。本書でしばしば引用してきたキッシンジャーは、『核兵器と外交政策』で「力に訴えることが事実不可能になったとすれば、外交もまたその効力を失う」と記述した。アマコスト元駐日大使は政務担当国務次官時代の一九八九年一一月一九日、空軍協会大会で、「軍事力と効果的外交との間には緊密な関係がある。四五年以降すべての大統領は平和を維持するために、われわれは力を維持しなければならないこと、及びさらに重要なことは、われわれが進んで力を使用しなければならないことを理解している」と述べた。

したがって安全保障を論ずるには、外交と軍事の両面を論ずる必要がある。

幸い筆者は外交に関しては『日本外交　現場からの証言』(中公新書、一九九三年)を書くことができ、山本七平賞をいただくなど一定の評価を受けた。その当時から次は軍事を書きたいとは思ったものの、軍事との直接接点はなく、そのままになっていた。

その後、駐ウズベキスタン大使、国際情報局長、駐イラン大使のポストを重ね、『日本外交　現場からの証言』に追加したい考えも生まれた。そして二〇〇二年から防衛大学校の教授となり、危機管理の授業を持った。筆者は日本の安全保障を考えるにあたっての最大の要件は米国を理解することであるとして、学生に米国の安全保障関係者が書いた物を読ませ、議論した。この中で『日本外交　現場からの証言』と対《つい》になる軍事関係の本を書く材料が集まってきたのではないかと思っていた。

こうして筆者には安全保障問題について書きたいという気持ちの高まりはあったが、現在の米国戦略及びそれとの一体化を図る日本の政策を批判する筆者の姿勢を考えると、出版を受け入れてくれるメディアは見つからないだろうと、半ば執筆は諦めていた。

その中で、まったく偶然の展開で、講談社から新書用に何か書けますかとの打診があった。通常、出版に際し著者は担当の編集者に多大の世話になる。筆者もまた、担当された講談社の田中浩史氏には大変なお世話になった。しかし、筆者として他の著者以上に田中氏に感謝しなければならない点がある。本書を出版するという講談社の決断の過程で、田中氏のご推薦がなければこの本の出版は実現しなかった。このことに心から感謝申し上げたい。

『日本外交　現場からの証言』はできるだけ客観的な分析を行うことに努めた。それと比較すると、この本は分析を超えて主張する本である。それは現在の米国、それとの協調を進める日本の政策が危機的状況にあることを反映してのことである。日米双方共、流れを変えることに真剣に取り組まなければならない時に来ている。論者の側に蛮勇が必要な時代となった。その時代を反映して、この本は主張する本となった。

ただ、筆者の原点は外務省にある。最後の段階で外務省と距離を持つ状況になったが、筆者の考えは外務省なしに成立しなかった。長く外務省はものを考えることを大事にした。外務省は多くの日本の官庁の中でも、知的水準を高めることを最も重視した官庁だったと思う。外務省の伝統に沿い仕事をしてきた終点に、筆者の今日の考えがある。

しかし、筆者の見解が今日の米国や日本の主流の考えと離れていることも十分承知している。それだけに、本書では主張の根拠となる事実や考え方の紹介に全力を尽くした。

筆者は外務省で分析課長と国際情報局長の二つの任についた。かつ筆者は岡崎久彦氏の局長時代の分析課長である。岡崎久彦氏と筆者の二人がこの二つの任についた。あるインターネットのサイトに孫崎は岡崎氏の子分であると書かれていた。人的繋がりではそうである。しかし本書を読んでいただいた読者には十分におわかりの通り、二人の主張点は両極にある。じつはこの傾向は岡崎久彦氏の局長、筆者の分析課長のときにすでに存在していた。当時、筆者は分析課長としてはまずまずの仕事をしていたと思う。

ある時岡崎氏が私を呼んで、次のように述べた。

「じつはある人間が『岡崎局長、あなたは、孫崎はちゃんとした仕事をすると言っておられますが、彼はとんでもないハトですよ。タカ派で鳴らすあなたの懐にハトが隠れているのです』と言いに来た。それで自分は言っておいた。ハトでもタカでもいい。何かの見解を持つのに十分な勉強をし、しっかりとした論拠を探す努力をしているならそれでいい。皆、その努力をしていますか」

読者と筆者とでは、主張点が異なるかもしれない。今日の日本の政治の流れや論調を見れば、それがむしろ自然である。その中で読者が筆者の紹介した事実や考え方に接して、ちょっと待てよ、この事実に基づくとこれはどうなっているのだと再考される糸口になればば幸いである。

二〇〇九年三月

孫崎　享

安全保障関係の文献紹介

――「歴史は、現在と過去との対話である。」E・H・カーは、この言葉を本書の中で幾度も繰り返している。……過去は、過去のゆえに問題となるのではなく、私たちが生きる現在にとっての意味のゆえに問題になるのであり、他方、現在というものの意味は、孤立した現在においてでなく、過去との関係を通じて明らかになるものである。（E・H・カー『歴史とは何か』岩波新書、一九六二年より訳者・清水幾太郎の「はしがき」）

安全保障を勉強する上で、筆者の感じてきたことを記述したい。まず第一に、徹底して、文献を読むことではないか。

筆者に一人、娘がいる。米国バージニア大学で英文学の博士課程で研究した。この博士課程の勉強を見てみたい。自分のテーマでの研究を開始する前に、二つの主要分野を決める。娘は二〇世紀米国文学と、理論（モダニティ）の二分野を選定した。ここで各々の分野について、自分の研究テーマと関連する一〇〇冊の本のリストを作成する。したがって計二〇〇冊の本となる。このリストを提出し、これらの本が研究テーマと関連しているか、必読書が落ちていないか、適切な選択を行っているかがチェックされ、学部長の承認を得る。リストの本を読了した段階で、十分に消化しているか、三時間の口頭試問を行う。この段階で脱落者が出る。基本的文献の消化が不十分だと判定されれば、博士論文の執筆に移行できない。われわれが安全保障を論ずるときも同じでないか。論ずる人は基本となる文献、データを読み込んで議論しているか、印象論を述べているのではないか、これがチェックポイントの最優先となるだろう。

安全保障に関して、以下に一四の項目ごとに五冊ずつ文献を列挙した。個人個人が自分の関心事を見ながら、こうした本のリストを、一〇〇冊、二〇〇冊と増やしていくべきではなかろうか。

学ぶとき、重要なのは論点を探す、対立する見解を比較することだろう。

たとえば、戦略論を学ぼうとする。クラウゼヴィッツの『戦争論』を手にして読む。もっともらしいことが書いてあって、そうかと思うが、さして身につかない。ところが、リデル・ハートの『戦略論』を読むと、クラウゼヴィッツ攻撃をしている。それを見ながら、もう一度クラウゼヴィッツに戻ってみる。この箇所はそういう意味だったのかとわかる。さらに、アロンの『戦争を考える』を手にすると、「リデル・ハート対クラウゼヴィッツ」という論文で両者の争点を浮き彫りにしている。リデル・ハートとアロンの視点をもってクラウゼヴィッツを見るとまた理解が変わる。こうして論点を探し、批判を読むことで、理解が深まる。

ブッシュ政権で大きな影響を与えたというネオコンの勉強をしようと思う。まずは、ネオコンの代表的人物ケーガンの『ネオコンの論理』を読む。これをベースにおきつつ、フォーリン・アフェアーズ・ジャパン編・監訳『ネオコンとアメリカ帝国の幻想』やハーヴェイ『ニュー・インペリアリズム』(青木書店、二〇〇五年)というネオコンを批判する本を読む。こうして、論点を対比しながら、この争点に参加する論客を増やしていく。

あるいは、南北戦争―真珠湾―米国同時多発テロという三つの事件を較べながら動機・引き金となる事件・反応などを見ていく。「歴史は過去のゆえに問題なのではなく、私達が生きる現在にとっての意味ゆえに問題になるのである」というカーの『歴史とは何か』の視点で歴史を見ると、リンカーンの動きが現代を読み解く参考になり、歴史が俄然面白くなる。

今日、安全保障を学ぶ者にとってありがたいのは、インターネットによって情報入手が容易になったことだ。ホワイトハウスや国務省での日々のブリーフィングに目を通すことができる。ジャーナリストがホワイトハウスや国務省の説明に質問を浴びせている。この質問を見ると争点がどこにあるかがわかる。

現時点で筆者が最も活用しているインターネット上のサイトはReal Clear Politicsである。このリンクにいくと、新聞四〇紙、雑誌四五誌、ブログ七五、テレビなど三〇、コラムニスト一〇〇へのアクセスが可能である。このコラムニスト一〇〇のうち、誰が保守派で誰が自由主義者か、誰が安全保障に強く、誰が経済に強いか、読むべき人のリストを増やせば見解は広がる。できるだけ、自分と主義主張の違う見解に親しむのがよいと思う。そのことによって議論に深みが出る。

筆者はときどき、在米の娘と電話する。そして痛感することは、インターネットが進化し普及した今日、ワシントンに居ても単に住んでいる人と、米国に住んでいないがホワイトハウスや国務省での日々のブリーフィングや米国の新聞・書籍に目を通す人では、後者が圧倒的に米国外交を理解できる。そういう時代に入っている。

安全保障の勉強は、こうして、現在の動きと、歴史や理論を組み合わせ見ていくものではなかろうか。

リストの末尾にスパイ小説を列挙した。学術書とまったく性格の異なる分野である。しかし、一流のスパイ小説家は事前に関係者に取材をし、時流をしっかり把握している。われわれが接触できない情報関係の人間が行ったブリーフィングを踏まえて書いている。

フレデリック・フォーサイスの『イコン』はプーチンに代表される右派勢力の台頭を予測している。この書で、もしロシア皇帝復活になるとして各種条件に最も合致する人物として、英国王室の一人が登場する。これはプリンス・マイクルであろう。彼は筆者が六六年に英国陸軍大学でロシア語を共に学んだ一五人のひとりである。スパイ小説の傑作は多くの人の知り得ない情報をちりばめている。

トム・クランシーの『合衆国崩壊』は、テロリストが飛行機で議会へ突入すること、生物兵器が使用されること、テロとの戦いの過程で大統領権限が強化されること、イランが主敵になること等、九・一一後の世界を見事に予測している。一九九六年はオサマ・ビン・ラディンが米国との戦争を宣言し、情報機関は緊張した年であるが、一般にはこの時期、ほぼ誰もこの動きに気づいていない。政治学者はトム・クランシーほどには、時代の流れを把握していなかったのではないか。スパイ小説は現代の動きを知る宝庫である。

（1）Dr. Dan Plesch, "Considering a War with Iran", London University, 2007
（冷戦後、米国は核兵器の使用を戦略の一つと位置づける。その具体例を提示）
（2）ヘンリー・キッシンジャー『核兵器と外交政策』日本外政学会、一九五八年
（安全保障を学ぶ者にとり必読本。米国における核理論の基本的考え方を学ぶ）
（3）V・D・ソコロフスキー、宍倉寿郎・実松譲訳『ソ連の軍事戦略』恒文社、一九六四年
（ソ連側の視点の提示。核戦略の本質を理解するには最も適切）
（4）ハーバード核研究グループ、久我豊雄訳『核兵器との共存』TBSブリタニカ、一九八四年
（ナイ、ホフマン、ハンチントンら一線級学者が核政策について考察）
（5）久住忠男『核戦略入門』原書房、一九八三年
（米国の核戦略の変遷を取りまとめた好著。戦略変遷の流れがわかる）

Ⅱ　戦略論

（1）クラウゼヴィッツ、篠田英雄訳『戦争論』（全三冊）岩波文庫、一九六八年
（戦略論の必読書、ブッシュ政権内でも評価が高く、現在も影響力を持つ）
（2）リデル・ハート、森沢亀鶴訳『戦略論』原書房、一九八六年
（「間接的行動」の重要性を説くなどクラウゼヴィッツを正面より批判）
（3）レイモン・アロン、佐藤毅夫・中村五雄訳『戦争を考える』政治広報センター、一九七八年

（フランスの哲学者兼戦略家。クラウゼヴィッツとリデル・ハートの戦略論を彼の視点で対比）

(4)『孫子』金谷治訳注、岩波文庫、二〇〇〇年

（古典。貴重な人生訓、戦略論を内蔵。リデル・ハートはクラウゼヴィッツ以上に評価）

(5) 岡崎久彦『戦略的思考とは何か』中公新書、一九八三年

（アングロサクソン、対米協調が日本の生き残る道とする岡崎戦略の古典）

Ⅲ　日米関係

(1) スティーヴン・K・ヴォーゲル編著、読売新聞社調査研究本部訳『対立か協調か』中央公論新社、二〇〇二年

（マイケル・グリーンの「力のバランス」など日米関係理解のための必読書）

(2) マイケル・グリーン他編、川上高司監訳『日米同盟』勁草書房、一九九九年

（米国安全保障関係者が日米関係をどう見ているかの理解に貢献する）

(3) 秋山昌廣『日米の戦略対話が始まった』亜紀書房、二〇〇二年

（日米交渉の当事者がここまで書き込んでいいかと思うくらい、詳細に記述）

(4) 春原剛『同盟変貌』日本経済新聞出版社、二〇〇七年

（二〇〇一年からの日米協議につき直接日米当事者に取材した貴重な記録）

(5) マイケル・H・アマコスト、読売新聞社外報部訳『友か敵か』読売新聞社、一九九六年
(日米経済摩擦、湾岸戦争等日米が最も緊迫した時期の駐日大使の自叙伝)

Ⅳ ブッシュ政権の政治

(1) アル・ゴア、竹林卓訳『理性の奪還』ランダムハウス講談社、二〇〇八年
(「米国はイラク戦争参加など重要局面でなぜ沈黙している」と問題提起)
(2) ロバート・ケーガン、山岡洋一訳『ネオコンの論理』光文社、二〇〇三年
(ネオコンの代表的論客。極めて説得力がある。軍事力利用の米国を肯定)
(3)『二期目のブッシュ政権と世界』米国外交評議会、二〇〇五年
(国益に基づく国際主義、国際法は『法』でないなどブッシュ政権高官の見解)
(4) ボブ・ウッドワード、伏見威蕃訳『ブッシュのホワイトハウス』(上・下) 日本経済新聞出版社、二〇〇七年
(ブッシュ政権発足前からの政権内の抗争、イラク戦争への突入など記載)
(5) フォーリン・アフェアーズ・ジャパン編・監訳『ネオコンとアメリカ帝国の幻想』朝日新聞社、二〇〇三年
(ネオコンの持つ問題点に関し、ハーシュ、ゴアら米国論客が批判)

Ⅴ　国際関係理論

（1）カント『永遠平和のために』岩波文庫、一九八五年
（最高の哲学者が国際政治の理想をいかなる形で掲げているかを学ぶ）
（2）イアン・クラーク他編『国際関係思想史』新評論、二〇〇三年
（ホッブズ、カント、ルソー、ヘーゲルらの国際関係理論を紹介）
（3）マーティン・ワイト、佐藤誠他訳『国際理論――三つの伝統』日本経済評論社、二〇〇七年
（国際理論を革命主義、合理主義、現実主義に分類し戦争などの項目を分析）
（4）モーゲンソー、現代平和研究会訳『国際政治』（新装版）福村出版、一九九八年
（政治の法則の客観性を信ずるというリアリストの立場から戦争などを分析）
（5）ジョセフ・S・ナイ、田中明彦・村田晃嗣訳『国際紛争――理論と歴史』有斐閣、二〇〇二年
（米国外交について理論と歴史を相互に検証することを試みたもの）

Ⅵ　歴史

（1）E・H・カー、清水幾太郎訳『歴史とは何か』岩波新書、一九六二年
（歴史を学ぶ意義を説明。事象を学ぶのでなく考える指針を得るために学ぶ）

（2）アーネスト・メイ、進藤栄一訳『歴史の教訓』中央公論社、一九七七年
（冷戦、朝鮮戦争、ベトナム戦争を題材に歴史から何を学べるかを検証）
（3）フォーリン・アフェアーズ・ジャパン編・監訳『フォーリン・アフェアーズ傑作選』
（上・下）朝日新聞社、二〇〇一年
（ケナン、モーゲンソー、ニクソンら米国の代表的論客の価値観を知る）
（4）リチャード・ニクソン、徳岡孝夫訳『指導者とは』文藝春秋、一九八六年
（ドゴールらニクソン自身が会った世界のリーダーをニクソンの視点で紹介）
（5）末沢・茂田・川端編『日露（ソ連）基本文書・資料集』ラヂオプレス、二〇〇三年
（北方領土問題に関し必要文献を網羅。自ら原典を見ることで新しい視点が出る）

Ⅶ　帝国論

（1）山本吉宣『「帝国」の国際政治学』東信堂、二〇〇六年
（冷戦後の米国国際政治理論の動向などを見事に分類。世界に誇りうる大作）
（2）マイケル・ハート、アントニオ・ネグリ、水嶋一憲他訳『帝国』以文社、二〇〇三年
（国家単位の帝国主義と異なりグローバルな帝国が出現したとする論）
（3）フランシス・フクヤマ、会田弘継訳『アメリカの終わり』講談社、二〇〇六年
（民主主義と資本主義が勝利したとする『歴史の終わり』の著者の米国批判）

(4) ジョセフ・S・ナイ、山岡洋一訳『アメリカへの警告』日本経済新聞社、二〇〇二年
(米国はローマ帝国以来の強力さを持っているが、力だけでは解決できない)
(5) Paul R. Krugman, "The Great Unraveling", W. W. Norton, 2003
(ノーベル経済学賞受賞者の作。ブッシュ政権初期に金融対外政策の欺瞞を指摘)

Ⅷ グローバリゼーション

(1) トーマス・フリードマン、東江一紀・服部清美訳『レクサスとオリーブの木』(上・下)草思社、二〇〇〇年
(究極の効率化のトヨタと民族抗争の象徴たる「オリーブの木」を対比し考察)
(2) アラン・グリーンスパン、山岡洋一・高遠裕子訳『波乱の時代』(上・下)日本経済新聞出版社、二〇〇七年
(連邦準備制度理事長の自伝。ブッシュ大統領の経済政策には批判的)
(3) ジョセフ・S・ナイJr.他編、嶋本恵美訳『グローバル化で世界はどう変わるか』英治出版、二〇〇四年
(グローバル化を経済・安全保障・文化など多方面から分析。概説書的存在)
(4) デヴィッド・ハーヴェイ、森田成也他訳『新自由主義』作品社、二〇〇七年
(国家が所有権、自由市場など企業が自由に活動できる枠組みを内外で創設)

（5）デヴィッド・ヘルド編、猪口孝訳『論争グローバリゼーション』岩波書店、二〇〇七年
（グローバリゼーションをめぐり、次々と論争が展開されていく。知的刺激大）

Ⅸ　テロリズム

（1）Usma Bin Laden, "Declaration of War Against the Americans Occupying the Land of the Two Holy Places", 1996　二〇〇九年二月の時点で、Outpost of Freedomのサイト掲載
（オサマ・ビン・ラディンがなぜ米国との戦争を宣言したかを判断するに貴重な原典）
（2）カール・シュミット、新田邦夫訳『パルチザンの理論』福村出版、一九七二年
（クラウゼヴィッツ、レーニン、毛沢東に言及しつつパルチザン理論を形成）
（3）Andrew Smith, "Combating Terrorism", Military Review, 2002
（テロ実行グループ、阻止グループがテロの前、最中、後に何ができるか検証）
（4）エルネスト・チェ・ゲバラ、五十間忠行訳『ゲリラ戦争』中公文庫、二〇〇二年
（ゲリラ戦争の戦略・戦術を記載。人民の支持を得ることを重視。テロを批判）
（5）村井友秀他編著『戦略論大系⑦毛沢東』芙蓉書房出版、二〇〇四年
（ゲリラ戦略においては毛沢東が代表的論客。「持久戦について」など収録）

Ⅹ　中東

（1）藤本勝次他訳『コーラン』（1・2）中公クラシックス、二〇〇二年
（コーランに目を通すことなく中東は語れない。藤本訳は違和感がない）
（2）R・M・ホメイニー、富田健次編訳『イスラーム統治論・大ジハード論』平凡社、二〇〇三年
（イスラム教はそもそも政治的宗教として、イスラム教統治を正当化）
（3）スティーヴン・M・ウォルト、ジョン・J・ミアシャイマー、副島隆彦訳『イスラエル・ロビーとアメリカの外交政策』（1・2）講談社、二〇〇七年
（米国中東政策がイスラエル・ロビーに牛耳られ米国国益を害すると主張）
（4）酒井啓子『イラクは食べる』岩波新書、二〇〇八年
（イラク戦争の抱える問題点を食べ物などから考察する、現地に密着した記述）
（5）ケネス・M・ポラック、佐藤陸雄訳『ザ・パージアン・パズル』小学館、二〇〇六年
（米・イラン関係は今後も中心課題。両者の対立を歴史的に考察）

XI　極東情勢

（1）『米国防総省年次報告―中国の軍事力2008』二〇〇八年五月八日付、朝雲
（トーンは全体として抑制されており、米国の中国抱き込み方針と整合）
（2）『激動する東アジア秩序に備えよ』フォーリン・アフェアーズ、二〇〇六年

（中国・北朝鮮・台湾など東アジアが激動の中にあるとの認識の論文集）
（3）ケネス・キノネス、伊豆見元監修、山岡邦彦・山口瑞彦訳『北朝鮮――米国務省担当官の交渉秘録』中央公論新社、二〇〇〇年
（一九九二年から九四年まで北朝鮮核疑惑に対し米朝間交渉を丹念に記録）
（4）ガバン・マコーマック、吉永ふさ子訳『北朝鮮をどう考えるのか』平凡社、二〇〇四年
（西側学者として北朝鮮の動向には批判的、同時に北の論理の理解に努める）
（5）アンナ・ポリトコフスカヤ、鍛原多惠子訳『ロシアン・ダイアリー』日本放送出版協会、二〇〇七年
（暗殺された記者が、自身の暗殺を予期しながら書いたプーチン体制の告発本）

XII　自叙伝

（1）W・S・チャーチル、佐藤亮一訳『第二次世界大戦』（上・下）河出書房新社、一九七二年
（自叙伝の古典。真珠湾攻撃への反応など日本関係の記述は貴重）
（2）ヘンリー・キッシンジャー、桃井真監修、斎藤弥三郎他訳『キッシンジャー秘録』（1―5）小学館、一九七九―八〇年
（ニクソン訪中、ベトナム和平など冷戦期の重要事件について内部から説明）
（3）コリン・パウエル他、鈴木主税訳『マイ・アメリカン・ジャーニー』角川書店、一九九五年

（黒人として軍の最高ポスト統合参謀本部議長の地位にたどり着くまでの歴史）
（4）ロバート・S・マクナマラ、仲晃訳『マクナマラ回顧録』共同通信社、一九九七年
（ベトナム戦争がなぜ失敗したかを国防長官として責任ある人物の立場から反省）
（5）『シュワーツコフ回想録』沼沢洽治訳、新潮社、一九九四年
（有能な米国軍人の中東認識が興味深い。現在の動向と対照的）

XIII 情報謀略関係

（1）William Stevenson, "A Man Called Intrepid", Book Club Associates, 1976
（第二次大戦前に米国参戦工作などに従事した英国スパイ組織の活動を記述）
（2）Tim Weiner, "Legacy of Ashes", Doubleday, 2007
（ピューリッツァー賞受賞記者によるCIAの歴史。対日工作にも言及）
（3）エフライム・ハレヴィ、河野純治訳『モサド前長官の証言「暗闇に身をおいて」』光文社、二〇〇七年
（世界の情報機関の雄、モサドの長官の米・イスラエル間交渉などの活動を記述）
（4）ラインハルト・ゲーレン、赤羽竜夫監訳『諜報・工作』読売新聞社、一九七三年
（ドイツ連邦情報局初代長官の第二次大戦中以降の諜報活動の記録）
（5）春名幹男『秘密のファイル』（上・下）新潮文庫、二〇〇三年

（第二次大戦直後を中心に、米国が日本に行ってきた工作を網羅的に収録）

XIV　スパイ小説

（1）トム・クランシー、田村源二訳『合衆国崩壊』（1－4）新潮文庫、一九九七－九八年

（航空機の米国議会突入、大統領権限強化、イランとの緊迫など九・一一と酷似）

（2）ジョン・ル・カレ、宇野利泰訳『寒い国から帰ってきたスパイ』ハヤカワ文庫、一九六三年

（スパイ小説の最高傑作。謀略の典型。小説は謀略の中で苦しむスパイ像）

（3）フレデリック・フォーサイス、篠原慎訳『イコン』（上・下）角川文庫、一九九八年

（若者を利用しながら右翼の人物が台頭するテーマはプーチン政権の動きを予測）

（4）ダン・ブラウン、越前敏弥訳『デセプション・ポイント』（上・下）角川書店、二〇〇五年

（米国の対テロ特殊部隊とも言われるデルタ・フォースが活躍。大統領も絡む）

（5）トム・クランシー、井坂清訳『レッド・オクトーバーを追え』文春文庫、一九八五年

（オホーツク海の潜水艦の重要性が認識されたときのソ連潜水艦をめぐる攻防）

講談社現代新書　1985

日米《にちべい》同盟《どうめい》の正体《しょうたい》——迷走《めいそう》する安全保障《あんぜんほしょう》

二〇〇九年三月二〇日第一刷発行

著者　孫崎《まごさき》　享《うける》

発行者　鈴木　哲
発行所　株式会社講談社
東京都文京区音羽二丁目一二—二一　郵便番号一一二—八〇〇一
電話　出版部　〇三—五三九五—三五二一
販売部　〇三—五三九五—五八一七
業務部　〇三—五三九五—三六一五
装幀者　中島英樹
印刷所　凸版印刷株式会社
製本所　株式会社大進堂
定価はカバーに表示してあります　Printed in Japan

N.D.C. 319 277p 18cm
ISBN978-4-06-287985-9

「講談社現代新書」の刊行にあたって

教養は万人が身をもって養い創造すべきものであって、一部の専門家の占有物として、ただ一方的に人々の手もとに配布され伝達されうるものではありません。

しかし、不幸にしてわが国の現状では、教養の重要な養いとなるべき書物は、ほとんど講壇からの天下りや単なる解説に終始し、知識技術を真剣に希求する青少年・学生・一般民衆の根本的な疑問や興味は、けっして十分に答えられ、解きほぐされ、手引きされることがありません。万人の内奥から発した真正の教養への芽ばえが、こうして放置され、むなしく滅びさる運命にゆだねられているのです。

このことは、中・高校だけで教育をおわる人々の成長をはばんでいるだけでなく、大学に進んだり、インテリと目されたりする人々の精神力の健康さえもむしばみ、わが国の文化の実質をまことに脆弱なものにしています。単なる博識以上の根強い思索力・判断力、および確かな技術にささえられた教養を必要とする日本の将来にとって、これは真剣に憂慮されなければならない事態であるといわなければなりません。

わたしたちの「講談社現代新書」は、この事態の克服を意図して計画されたものです。これによってわたしたちは、講壇からの天下りでもなく、単なる解説書でもない、もっぱら万人の魂に生ずる初発的かつ根本的な問題をとらえ、掘り起こし、手引きし、しかも最新の知識への展望を万人に確立させる書物を、新しく世の中に送り出したいと念願しています。

わたしたちは、創業以来民衆を対象とする啓蒙の仕事に専心してきた講談社にとって、これこそもっともふさわしい課題であり、伝統ある出版社としての義務でもあると考えているのです。

一九六四年四月　野間省一